中国纸币标准图录系列

中央银行纸币

壹

吕乃涛　陈昌滨　苏骏　编著

學苑出版社

图书在版编目（CIP）数据

中央银行纸币．1 ／ 吕乃涛，陈昌滨，苏骏编著．—北京 ：学苑出版社，2014.1
ISBN 978-7-5077-4472-9

Ⅰ．①中… Ⅱ．①吕… ②陈… ③苏… Ⅲ．①纸币－中国－近代－图集 Ⅳ．① F822.9-64

中国版本图书馆 CIP 数据核字（2014）第 007822 号

出 版 人：孟　白
责任编辑：潘占伟
装帧设计：徐徐书装
出版发行：学苑出版社
社　　址：北京市丰台区南方庄 2 号院 1 号楼
邮政编码：100079
网　　址：www.book001.com
电子信箱：xueyuan@public.bta.net.cn
销售电话：010-67675512　67678944　67601101（邮购）
经　　销：新华书店
印 刷 厂：北京赛文印刷有限公司
开本尺寸：889×1194　1/16
印　　张：24
字　　数：453 千字
版　　次：2014 年 1 月北京第 1 版
印　　次：2014 年 1 月第 1 次印刷
定　　价：180.00 元（平装）

求真求全 為中國紙幣
研究積累資料傳遞信
息築牢堅實的基礎

賀《中國紙幣》編輯出版

戴志強

2013.9.12.

序

认识苏骏的时间并不长。起先只是通过“中国纸币网”进行过一些接触，看他写的一些帖子，未曾谋面。2009年中国纸币收藏界在北京首都博物馆举办“中国历代纸币展”，我受邀担任专家委员会委员参加了此次展览，有幸认识了纸币收藏界的许多朋友，其中就有苏骏。从所发的帖子来看，在我脑海里苏骏似乎是有一定年龄的，可见了面才知道他其实只有三十多岁，年轻有为。

苏骏对中国纸币的热爱，到了一种“执迷不悟”的程度。为了纸币，为了收藏纸币，为了推广纸币研究，苏骏不惜远离家乡，做了许多有益的事情。“中华纸币研究网”的建立，应该说倾注了苏骏太多的心血和精力。中国纸币浩繁，而中华纸币研究网将重点选择在民国，注重纸币的研究，不仅汇集了民国时期的纸币资料，而且建有中国纸币的图库，成为了人们切磋研究民国乃至整个中国纸币、发表收藏心得、了解纸币拍卖信息的重要交流平台，为人们开启了了解民国纸币、研究民国纸币的一扇窗，并引领人们关注收藏背后真正有价值的文化和历史。可以毫不夸张地说，“中华纸币研究网”是各类有关中国纸币网站中的翘楚。

去年，我因病在家休养。记得是一个寒风凌厉、漫天雪花的下午，苏骏来上海到我家探望我。我们之间聊得最多的是有关中国纸币的收藏和研究。我曾建议苏骏，是否能将“中华纸币研究网”的纸币图库由电子形式转换成图书形式，更好地方便人们的研究。不想，今年9月苏骏就将有关民国中央银行纸币的书稿寄给了我，我不由得对苏骏表示敬佩。要知道，从一张张图片变成一本书，还要对每一节内容加以诠释，其中的酸甜苦辣、个中滋味，只有自己才能体会。而这些假如没有平时的留心积累和深入的思考研究，又谈何容易，更何况从我建议到他成书仅有不到一年的时间。

这本书的内容包含广州中央银行、汉口中央银行和广东中央银行所发行的纸币。换句话说，包括了1928年上海中央银行正式成立之前以中央银行名义发行的各种纸币，主要有广州中央银行时期发行的通用货币券、汉口中央银行时期发行的通用大洋券、广东中央银行时期发行的通用货币券，以及辅币券。苏骏不仅对广州中央银行、汉口中央银行和广东中央银行的建立和发展做了梳理，而且对其所发行的各种主币、各种地名券和辅币券印制、发行和流通方面都进行了深入细致的探讨，使人们不但欣赏到漂亮的图片，而且从中感受到中国纸币的精深内涵和无穷魅力。相信这本书无论对于鉴赏和收藏，还是对学术研究，都将起到一个有力的推进作用，受到人们的欢迎。

这本书只是有关中央银行纸币系列丛书的第一本，随着以后各卷本中央银行纸币的出版，关于中央银行纸币的收藏与研究，必将掀起一个高潮。

很荣幸能为此书撰文。

是为序。

周 祥

2013年10月15日

周祥　国家文物鉴定委员会货币组委员、上海博物馆研究员，著有《中国古代纸钞》、《吴筹中先生旧藏纸币精粹》、《纸上繁华》等。

大家来种中国纸币的“树”（代序）

中央银行发行的纸币，从 1924 年至今，在历史的长河中，每个阶段都有其形式与内涵，深受社会背景、经济发展以及政治、军事势力的影响，要深入收藏、研究是一项有意义的工作。近年来，由于史料的开放、贸易的流通等因素，纸币的种种相关实物及文献纷纷涌现，这是可喜的现象。

中央银行纸币的收藏、研究，目前颇受各方关注，其中以民国十二年版（美国钞票公司承印）较为繁杂、困难，在 1981 年出版的拙著《中国纸币图说》中，曾列表明示初期、北伐时期、广州政治分会时期等，提供基本的见解。在建表的过程中，曾多次出国搜集，也曾对收藏家进行访谈，更经常与时任中央银行副局长的党宇平先生多次切磋，始能完成，可知写作之不易。

近日厚承中国纸币研究后起之秀苏骏总经理，惠提《中央银行纸币》（1923—1935）草样，并指示撰写序文。恭敬不如从命，详加拜读，深感其热忱有使命，细腻求真知，用心富创意，在在显现生命的活力。本书以历史沿革及纸币的属性为主轴，顺序解明，用大量的纸币实物和民国档案资料等文献加以佐证，可以说是图文并茂，相辅相成，难能可贵之处还有能旁征博引，追求完整。

本书的出版是人人称赞的事，也与我的理念非常吻合。在 2002 年出版的拙著《中国纸币新论》及重要的演讲中，多次提及：人人来种植中国纸币的“树”，也就是每个人敞开心胸、扩大视野，挑选中国纸币的“树种”，辛勤、用心灌溉，棵棵成长茁壮，久久自能成为中国纸币的大森林。

最后乐意提供拙藏中央银行民国十二年版“母版拓样”一组，以为恭贺。

许義宗

2013年 中秋節

许义宗　主业从事社会教育研究，大学教授。副业收藏，以钞票为核心，30多年持续参加世界主要钞展。著有《中国纸币新论》、《清代纸币图说》等十余种，曾获IBNS国际纸币协会“年度最佳著作奖”。

目 录

关于中国纸币标准图录系列

一、中央银行有专有名词和专业名词的用法。概念性专业名词之中央银行有两层含义：(1) 即国家银行，是国家赋予制定和执行货币政策，对国民经济进行宏观调控，对金融机构乃至金融业进行监督管理的特殊的金融机构。(2) 银行之银行，是由政府组建的机构。代理国库，负责控制国家货币供给、信贷条件，监管金融体系，主管商业银行和其他储蓄机构等金融业。为政府筹集资金；代表政府参加国际金融组织和各种国际金融活动。中央银行成立之目的不是为了营利，而是为实现国家宏观经济目标服务，这是由中央银行所处的地位和性质决定的。

关于称谓性专有名词之“中央银行”，中国近现代史上有六家称之为“中央银行”者。

(1) 中华民国陆海军大元帅大本营于1924年8月在广州设立的准国家政权性质的“中央银行”，史称“广州中央银行”Central Bank of China (Canton)。这是中国金融史里第一家以“中央银行”为名的银行。

(2) 武汉国民政府1926年12月在汉口设立的国家政权性质之准国家“中央银行”，史称“汉口中央银行”Central Bank of China (Hankow)。

(3) 南京国民政府1928年11月1日在上海设立的国家银行，史称“中央银行”Central Bank of China。

(4) 广东政治分会决议1929年3月1日将“广州中央银行”改组为省立银行性质，史称“广东中央银行”Central Bank of Kwangtung。

(5) 伪满洲国政府1932年6月15日在长春设立的伪政权性质的“国家”银行，史称“满洲中央银行”。

(6) 中国台湾地方政府1961年7月1日在台复业的地方银行性质的“台湾中央银行”。

本书中“广州中央银行”，标准缩略码为CC1，“汉口中央银行”标准缩略码为CC2，“中央银行”标准缩略码为CC，“广东中央银行”标准缩略码为CK。

“广州中央银行”、“汉口中央银行”、“中央银行”、“广东中央银行”以及北伐时期国民国民军司令部都用“中央银行”之名义发行货币，我们将其统称为“中央银行”系列。

二、“中央银行”系列纸币既有主管机构、发行单位之间改组和沿革的联系，又有伴随着政局变化而产生发行机构性质和纸币属性变化的区别。一直以来学界对于这些货币的梳理和性质的判断及界定不清晰。中华纸币研究参阅数十年来之专著，集十余年的实物收集和档案资料整理之经验，希望采用浅显的文字表述和标准化的方式分门别类，客观还原历史真相，并将中国纸币文化作为传统文化融入到基础教育之中，让更多的人了解中国纸币文化，便于爱好者参与到收藏和研究中来。

编者用纸币图片结合档案资料解析的方式编排，将具有实际参考依据的纸币拍卖等成交信息融入本书，让读者可以直观了解其价值和经济价值，也帮助初学者借鉴和参考。

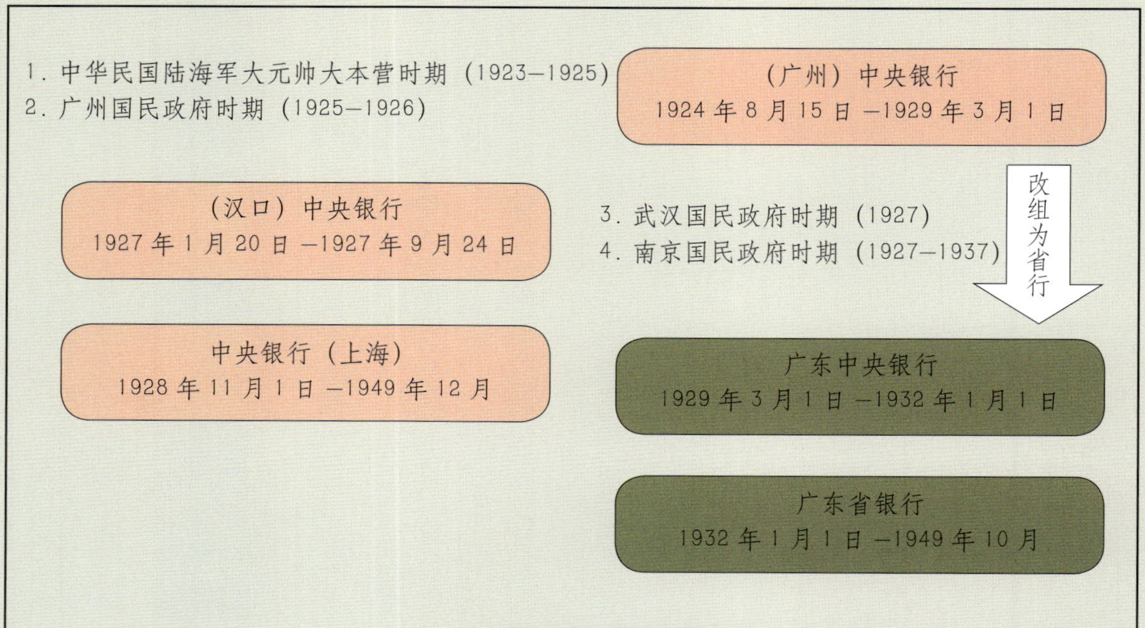

中央银行系列沿革关系图

三、本书辑录了从中华民国北京政府时期的南方广州军政府在 1923 年广东革命根据地设立的第一家以中央银行为名、准国家银行性质的“广州中央银行”至南京国民政府成立新设“上海中央银行”直至 1935 将其改组为广东中央银行（广东省银行）为止发行的货币和有关资料。全书分为六个部分，详见目录。

四、本书辑入之资料，以摘录民国档案资料和史实文献为原则。对少数特别重要货币发行史料全文辑入并注明出处。为保持资料的原貌，便于研究者使用和参考，除涉及政治有争议部分不辑入外，不作内容和文字上的改动，保留资料原文的立场，纸币实物和资料之间的空间，有待进一步的资料整理和发现去填补。例如具体纸币的发行量。资料中有几等面额总发行金额。我们推算的数量未经确凿资料证实的，由于篇幅原因，我们只标注待考和待确认。希望读者对我们偏重学术严谨性造成资料不完全的缺陷表示谅解，也希望读者能提供资料以帮助我们完善。

五、本书是中华纸币研究编撰的《中国纸币标准图录系列》系统工程中《中央银行》部分的第一本，在编排上和资料取舍上，兼顾系统的完整和统一，舛误和不足之处难以避免，请读者朋友予以匡正和指教。

中华纸币研究

本书编纂说明

本书的编纂，头绪繁多。为便于阅读、参考，现将本书编纂思路及相关体例、规范简要介绍如下。

银行名称 Bank's Name

本书的银行名称采用纸币上的统一标准名称——中央银行。为了区别指定标准，采用（）加注的形式对没有直接印制在纸币上的文字做专业补充。如“广州中央银行”发行的纸币采用“(广州）中央银行”。“广东中央银行”发行的纸币上印有“广东”字者为“广东中央银行”，无“广东”字者为（广东）中央银行。如系广东省银行发行者，仍采用纸币上原型中央银行，加“(广东省银行)”以示区分。

银行名称代码 Bank's Code

“中央银行”的英文名称为“The Central Bank of China”。我们去掉“The”、“Bank”、“Of”,所以,缩略代码为CC。由于惯例称“上海中央银行”为“中央银行”,“上海中央银行”代码为“CC”。“(广州）中央银行”代码为CC1。“(汉口）中央银行”代码为“CC2”。“广东中央银行”代码为CK。

纸币的性质 Status or Type

本书涉及的纸币在以前的都被归为“国家银行”性质。本书采用专业的学术标准:“(广州）中央银行”和“(汉口）中央银行”发行纸币是“准国家银行”性质；“(上海）中央银行”发行的纸币是“国家银行”(National）性质；国民革命军以“中央银行”名义发行的地名券和临时兑换券等无准备金的纸币为“军用票”(Military)性质。“广东中央银行”发行的纸币为“省级银行”(Provincial)性质。“广东省银行”发行的纸币为“省级银行”性质。

日期 Date

本书中中文日期省略月和日，以民国纪年为标准。英文日期采用国际标准。无年份者有确切考证者采用括号内公历纪年（阿拉伯数字）方式补充。例如：中央银行壹角

(1927)。无确切考证者中文标注“(待考)”或忽略。英文标注采用“n.d.”。

面额 Denomination

本书采用票面货币单位，中文采用“圆”、“角”。英文”Dollar” 采用“$”，其他情况采用“Yuan”、“Cent”为货币单位。

纸币名称 Chinese Name

本书的纸币名称为银行名称 + 票面民国纪年的年份 + 面额 +（地名）。样票有中文者 + 样本,无中文有“SPECIMEN”等者 + “SPECIMEN”(注:多为外国印钞机构印样)，无中英文者 +（印样）或（实际属性）。

颜色 Color

本书中纸币颜色对“多重色”(–multi）套印忽略不计,只标注纸币的“图景”和“架框”(framing）中主导的一种颜色。

印制厂 Printer

本书中纸币大多由美国钞票公司印制，中央银行“临时兑换券”由长沙湘鄂印刷公司印制，江西银行“集中现金券”由武汉印书馆印制，中央银行辅币兑换券由中华书局印制。

四家印制厂代码和英文如下：

美国钞票公司 (ABNC)American Banknote Co.

长沙湘鄂印刷公司（HHPA）Hunan—Hupei Printing Co.Changsha

武汉印书馆（CCCA）C.C.C.Press,Hankow

中华书局有限公司（CHB）Chung Hua Book Co.

英文地名 English Placename

广东 Kwangtung　福建 Fukien　广州 Canton　汉口 Hankow　汕头 Swatow

北海 Pakhoi　海口 Hoikow　江门 Kongmoon　梅菉 Meiluk　韶州 Suichow

英文名称 English Name

本书的纸币涉及英文名称者有 Bank Name、Denomination、Printed year、Placename、SPECIMEN 等。

存档样票 Sample Proof

样本 Specimen

广州总行 Canton Head Office

广中总行 Kwangtung Head Office

湘赣桂通用券 Hunan、Kiangsi&Kwangsi

鄂湘赣三省通用大洋券 Hupeh、Hunan&Kiangsi

爱国纪念保存货币 Commemoration Note not for circulation

集中现金 Amassing Cash

国民革命军总司令行营 Commander in Chief of the National Revolutionary Army

参考价格 Price

本书在下方显示的参考价格分为两类：1. 对于近期有可信度的公开拍卖中品相较好者的历史成交价，不仅标明出处还在下方有参考出处的网络指引。2. 对于品种罕见或价值较低无拍卖成交记录的品种，中华纸币研究给出样票以全新品相为标准、流通票以八成品相为标准（特例会标注品相）的参考价。参考价只起指导作用，仅代表编者观点，而不是后期行情价值，请读者注意。

编码 Number

本书中纸币版式都与中华纸币研究的标准编码对应。

本书S/M编码为 Ward D.Smith and Brian Matravers 1970年编写的《中国纸币》的编码。Pick 码为《克劳斯》目录编码。中国纸币由于对应的历史时期的缘故，品种繁多、分类复杂，单一的数字排序易造成编码出现严重错漏。本书仅将这两种国际较流行的编码作为对比与参考。

收藏星级 Star Level of Collection

本书采用☆代表1级、★代表2级。无星级到五星级（★★★★★）共11个级别。对各品种或版式的收藏难易度进行评定。我们的星级是综合发行时期重要性和面额的权重，印制数量、发行数量、回收情况，收藏体系中地位，纸币的特点等人文信息给出的一个价值参考。

印制时间和印制数量

本书以印制档案为印制时间和印制数量依据，无准确档案资料者标注待考。

发行时间和发行数量

本书以发行公告时间为发行时间，发行数量为推算数量时数量前加“约”字。本书中由于中央银行停兑或停业的缘故，不同批次的发行时间不采用最初发行公告时间，如采用印制时间在时间后加“后”字，具体时间待考。遇到几等面额的总发行量、具体品种发行量无法确定时用待考。

字轨与号码、批次与批量

字轨(prefix)是纸币发行中数字编号应遵循的规则。纸币发行中以字轨与号码组合来确保纸币编号的唯一并反应印制数量。纸币的流水号码位数对应每个字轨的印制量。

本书中纸币采用 0 字轨（习惯称为“无字轨”(Without prefix) 开始、英文字母 A—Z 字轨（习惯称为“单字轨”）依次排序、位数递增的方式。每个字轨的最大印制量为 100 万张。人们常用字轨为依据准算印制量，在收藏中，无字轨的数量为 100 万张，单字轨券印制量为 2400—2600 万张。无字轨券印制数量级别较少，又总是最先发行，所以收藏的价格往往比较高。

纸币在印制过程中数量是按批次数量来计算。每个批次的印制量往往不是字轨的整数倍数。同一批次并非只有无字轨，所以，编者将印制批次用甲种券、乙种券、丙种券等来区分。只在批次交接的字轨处做重点研究，用特定符号标记。

由于字轨的号码数量规律容易掌握，而批次及批量信息是无法直接获取的信息，按字轨的自然规律法去判断纸币价值是一种“不尽科学”的“误区”。最终会按发行的印制批次以及发行批次去决定纸币的“发行时间”。

品种（收藏星级）和品相

品种是收藏的质，品相是收藏的量。收藏的质量优劣取决于两个方面。编者建议收藏星级相适应的品相的关系如下：

★九五成以上品相 ★★八五成以上品相 ★★★七五成以上品相 ★★★★六五成以上品相 ★★★★★ 无品相要求

纸币印制流程图

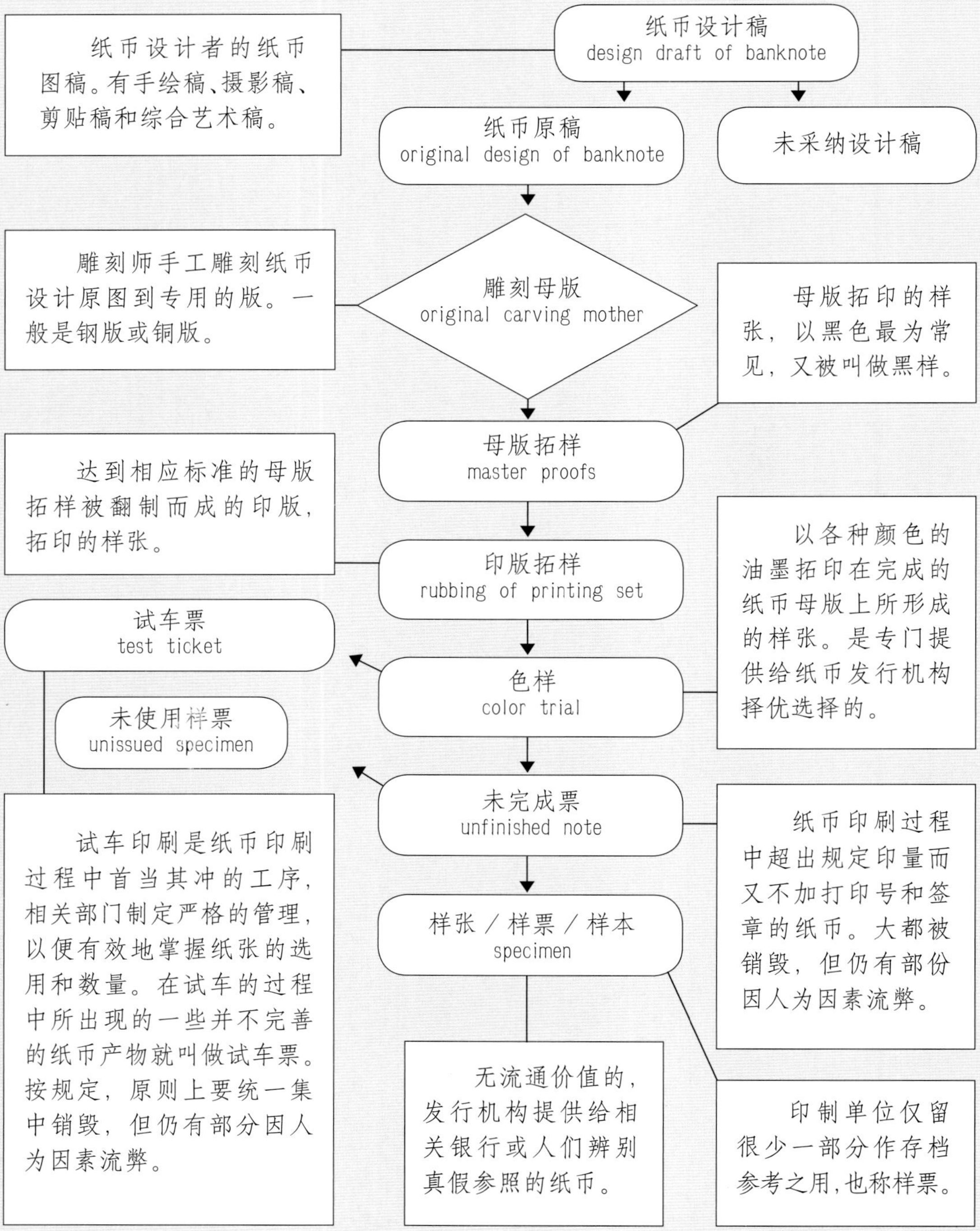
纸币设计者的纸币图稿。有手绘稿、摄影稿、剪贴稿和综合艺术稿。
纸币设计稿
design draft of banknote
纸币原稿
original design of banknote
未采纳设计稿
雕刻师手工雕刻纸币设计原图到专用的版。一般是钢版或铜版。
雕刻母版
original carving mother
母版拓印的样张，以黑色最为常见，又被叫做黑样。
母版拓样
master proofs
达到相应标准的母版拓样被翻制而成的印版，拓印的样张。
印版拓样
rubbing of printing set
以各种颜色的油墨拓印在完成的纸币母版上所形成的样张。是专门提供给纸币发行机构择优选择的。
试车票
test ticket
色样
color trial
未使用样票
unissued specimen
未完成票
unfinished note
纸币印刷过程中超出规定印量而又不加打印号和签章的纸币。大都被销毁，但仍有部份因人为因素流弊。
试车印刷是纸币印刷过程中首当其冲的工序，相关部门制定严格的管理，以便有效地掌握纸张的选用和数量。在试车的过程中所出现的一些并不完善的纸币产物就叫做试车票。按规定，原则上要统一集中销毁，但仍有部分因人为因素流弊。
样张／样票／样本
specimen
无流通价值的，发行机构提供给相关银行或人们辨别真假参照的纸币。
印制单位仅留很少一部分作存档参考之用，也称样票。

相关术语

版铭样张（edition specimen）：样张上部或四周印有银行名、面值、号码或印刷等文字以及十字对位线、色票等标记者就是版铭样张。收藏价值更高。

打孔样票（specimen,punched hole cancelled）：印制单位用打孔方式注销流通价值作为样票。

纸币样本册（specimen notes）：发行银行，为了业务上的往来，将其发行的某版全套纸币或单张，装订成一个小册，附上有关说明文字，交自与之有关联的银行以做参考鉴别之需。

发行票（流通票／正票）（issued note）：经由相关机构批准，通过合法渠道在市面上正式流通的纸币。

流通票改作样票（as. specimen）：发行银行，为了业务上的往来，将正式流通票注销流通价值，作为辨别真伪参照的纸币。

连张票（uncut sheet）：纸币由母版翻制成印版，一个印版中，往往复制成不同枚数的纸币，构成一个大版。

按照印刷机器容量大小，制成多种规格，如有 1X4（4 枚）、2X3（6 枚）、3X3（9 枚）、2X5（10 枚）、3X5（15 枚）、4X4（16 枚）、4X5（20 枚）等等。

整版全张票（full sheet）：就是大版全张纸币。这种大版全张纸币通常都会加盖“样张”字样的。

裁切连张票的样式：方连张、上下连张和左右连张。

错体票（misplaced banknote）：是指因设计疏忽所造成图文信息错误的流通纸币。

变体票（wrong printing banknote）：由于在印刷、加盖、裁张过程中造成误差的纸币。这种变体票具体有以下的类型：

A．倒印（inversed printing）：纸币的正面和背面图案，一面或双面倒置的情况。

B．漏印（loss printing）：在印刷纸币图案、文字或颜色过程中，因疏忽或某种原因，漏掉其中的全部或局部，分为漏图、漏字、漏色等。

C. 叠印 (overlying printing)：即纸币的图案或文字重复印刷，使其出现相同双影图。

D. 折印 (folded printing)：纸币的正面或背面的一角在印刷中被印刷中被印到相反的一面上去，这是由于纸折叠不平所引起的。

E. 黏印 (clinging printing)：在印刷过程中，将后一张油墨未干的纸币黏到前一张上而产生倒置的浅色图文，这种情况叫做纸币的黏印。

F. 遮白 (covered printing)：纸币在印刷过程中，由于受到异物的侵入阻隔而出现一部分空白。空白处越多越明显，该纸币就越珍贵。

G. 折白 (crumpled printing)：纸张因在进入印刷机时放得不平出现了折叠，导致印刷后，折叠内的部分未印上图案，打开来出现空白长形，就叫做折白。

H. 轧字 (skipping number)：因数字机转动失灵的故障，造成纸币数字的不完整。

I. 错号及错字轨 (wrong number)：指同一纸币左右或上下字轨或号码不相同。

J. 漏盖 (loss sealing)：所要加盖的纸币，出现全部或局部遗漏，有漏盖签名、印章或地名等。

K. 倒盖 (inversed sealing)：所加盖签署、地名、印章、图记等，与原纸币图案顺序不一致。

L. 复盖 (double sealing)：加盖纸币上加图文重复加印。

M. 福耳 (banknote with overpaper)：某些纸币的一角或多角出现耳朵或蝴蝶状，这种现象叫做纸币的福耳。

N. 裁切移位 (cutting wrong)：因裁切不当，使纸币上下左右空白处不均匀和整体的图案没有位居纸币正中，明显的错位就是移位。

O. 水印变体 (irregular watermark)：指水印出现倒置、反置，或直式水印变横式水印等现象。

P. 其他变体 (other irregular banknote)：这种情况有纸币的破版、纸张的错用、颜色的错印、油墨污渍或油墨不足等。

纸币签名

发行公告签名

国民革命军总司令、行长　蒋中正 Chiang Kai-shek

国民革命军政务局 陈公博 Chen Gongbo

中文签名

广东中央银行行长　宋子文

（广州）中央银行副行长　黄隆生

（广州）中央银行　邹敏初

广东中央银行副行长　周斯铭

广东省银行行长　黄隆生

广东省银行副行长　周斯铭

英文签名

General Manager

（广州）中央银行行长　宋子文 Tse-ven Soong　英文手签（左）英文印签（右）

广东省银行代理行长

林天吉 Lin Tien-ehi

广东省银行行长　待考

Manager

（广州）中央银行副行长

黄隆生　英文手签（左）　英文印签（中）

广东中央银行行长

黄隆生

汉口中央银行副行长

陈行 John H.Cheng　小签（左）中签（中）大签（右）

广东中央银行副行长

周斯铭 S.M.Chow

广东省银行汕头分行副经理

第一章

美国钞票公司印制
中央银行样票一览

美国钞票公司1858年成立，中国自1912年起至1949年止众多银行的大量钞票由该公司印制。

半亩方塘一鉴开，天光云影共徘徊。
问渠那得清如许，为有源头活水来。
——朱熹《观书有感》

纸币的印制是货币发行的源头。印钞资料为我们研究流通正票提供了宝贵的数据。样票实物和印刷档案资料的解密，为我们研究货币发行提供基础信息。特别是那些发行情况复杂的货币，印钞档案中的时间、印制数量等信息让我们对发行规划等有了了解。我们提倡实物收藏和印制及发行档案相结合的研究方法。这是个理论和实践相结合的科学方法。

不怨天，不尤人，下学而上达，知我者其天乎？
——《论语·宪问》

本书中的纸币，由于所处的历史背景纷繁复杂，时局扑朔迷离，流通票各品种之间的关系规律犹如“迷局”。我们从样票开始“抽丝剥茧”，循序渐进。我们通过对基础知识的了解和一般规律的认知，不断梳理、领悟、提炼，逐步提高认知。我们发现问题，去思考，是疑问带着我们前进。这条路没有捷径。

温故而知新，可以为师矣。
——《论语》

本章的样票要结合前面的纸币印制流程图去理解。在下面的章节，遇到版别的关系问题也可返回，综合样票去理解。全书看完后再重新阅读本章，会有新的感受。

美国钞票公司印制广州中央银行样票一览表

样本编号	年份	面值	印制时间	印制数量（张）
F—7370	1923 第一版小洋券	壹圆	1923 年 6 月	2,500,000
F—8095			1926 年 3 月	2,500,000
F—8268			1926 年 12 月	2,500,000
F—7371		伍圆	1923 年 6 月	1,500,000
F—8096			1926 年 3 月	500,000
F—8269			1926 年 12 月	500,000
F—7372		拾圆	1923 年 6 月	500,000
F—8097			1926 年 3 月	500,000
F—8270			1926 年 12 月	500,000
F—7373		伍拾圆	1923 年 6 月	50,000
F—7374		壹百圆	1923 年 6 月	25,000
F—8114	1926 第一版大洋券	壹圆	1926 年 4 月	2,500,000
F—8294			1927 年 2 月	2,500,000
F—8115		伍圆	1926 年 4 月	1,550,000
F—8295			1927 年 2 月	1,550,000
F—8116		拾圆	1926 年 4 月	775,000
F—8296			1927 年 2 月	775,000
F—8117		伍拾圆	1925 年 4 月	20,000
F—8297			1927 年 2 月	20,000
F—8118		壹百圆	1925 年 4 月	10,000
F—8298			1927 年 2 月	10,000
F—8283	无年份辅币券	壹角	1927 年 1 月	50,000,000
F—8284		贰角	1927 年 1 月	50,000,000
F—8680	1923（1928 年）第二版小洋券	壹圆	1928 年 6 月	4,500,000
F—8761			1928 年 9 月	3,500,000
F—8681		伍圆	1928 年 6 月	1,100,000
F—8762			1928 年 9 月	900,000
F—8682		拾圆	1928 年 6 月	500,000
F—8763			1928 年 9 月	900,000
F—8683		伍拾圆	1928 年 6 月	50,000
F—8764			1928 年 9 月	30,000
F—8684		壹百圆	1928 年 6 月	25,000
F—8765			1928 年 9 月	15,000

以上票券为广州中央银行时期订印。1923 年和 1928 年印制的是小洋券（SMALL MONEY）。1926 年印制的是大洋券（STANDARD CURRENCY）。此处小洋券为广东的毫洋券，1 元毫洋法定 5 枚广东双毫。大洋 1 元等于毫洋 1.2 元。

第一节
广州中央银行通用货币（毫洋）兑换券

号数	编码	名称	属性
1	CC1—1A	中央银行民国十二年壹圆 Central Bank of China.$1.1923	存档样票 Archive Example
2	CC1—1M	中央银行民国十二年壹圆 Central Bank of China.$1.1923	母版拓样（C—32589 ） Master Proofs
3	CC1—1C	中央银行民国十二年壹圆 Central Bank of China.$1.1923	色样（单张正面） Colortrial（face）
4	CC1—1SaE	中央银行民国十二年壹圆 Central Bank of China.$1.1923	版铭样张(甲种 F—7370) Edition Sample(F—7370)
5	CC1—1Sb	中央银行民国十二年壹圆 Central Bank of China.$1.1923. Specimen	Specimen (乙种 F—8095) Specimen（F—8095）
6	CC1—1ScE	中央银行民国十二年壹圆 Central Bank of China.$1.1923	版铭样张(丙种 F—8268) Edition Sample（F—8268）
7	CC1—1Sd	中央银行民国十二年壹圆 Central Bank of China.$1.1923	specimen（ 丁种 F—8425) Specimen（F—8425）
8	CC1—2A	中央银行民国十二年伍圆 Central Bank of China.$5.1923	存档样票 Archive Example
9	CC1—2M	中央银行民国十二年伍圆 Central Bank of China.$5.1923	母版拓样（C—32585） Master Proofs
10	CC1—2C	中央银行民国十二年伍圆 Central Bank of China.$5.1923	色样（单张正面） Colortrial（face）
11	CC1—2Sa	中央银行民国十二年伍圆 Central Bank of China.$5.1923	Specimen (甲种 F—7371) Specimen（F—7371）
12	CC1—2Sb	中央银行民国十二年伍圆 Central Bank of China.$5.1923	Specimen (乙种 F—8096) Specimen（F—8096）
13	CC1—2ScE	中央银行民国十二年伍圆 Central Bank of China.$5.1923	版铭样张(丙种 F—8269) Edition Sample（ F—8269）
14	CC1—2Sd	中央银行民国十二年伍圆 Central Bank of China.$5.1923	Specimen (丁种 F—8426) Specimen（F—8426）

15	CC1—3A	中央银行民国十二年拾圆 Central Bank of China.$10.1923	存档样票 Archive Example
16	CC1—3M	中央银行民国十二年拾圆 Central Bank of China.$10.1923	母版拓样（C—32565） Master Proofs
17	CC1—3C	中央银行民国十二年拾圆 Central Bank of China.$10.1923	色样（单张正面） Colortrial (face)
18	CC1—3SaE	中央银行民国十二年拾圆 Central Bank of China.$10.1923	版铭样张(甲种 F—7372) Edition Sample(F—7372)
19	CC1—3Sb	中央银行民国十二年拾圆 Central Bank of China.$10.1923	specimen(乙种 F—8097) Specimen (F—8097)
20	CC1—3Sc	中央银行民国十二年拾圆 Central Bank of China.$10.1923	Specimen(丙种 F—8270) Specimen (F—8270)
21	CC1—3Sd	中央银行民国十二年拾圆 Central Bank of China.$10.1923	Specimen(丁种 F—8427) Specimen (F—8427)
22	CC1—4A	中央银行民国十二年伍拾圆 Central Bank of China.$50.1923	存档样票(打孔) Archive Example (pin hole perforated)
23	CC1—4C	中央银行民国十二年伍拾圆 Central Bank of China.$50.1923	未使用样票 Unissued Specimen
24	CC1—4U	中央银行民国十二年伍拾圆 Central Bank of China.$50.1923	色样（单张正面） Colortrial (face)
25	CC1—4Sa	中央银行民国十二年伍拾圆 Central Bank of China.$50.1923	specimen(甲种 F—7373) Specimen (F—7373)
26	CC1—4Sb	中央银行民国十二年伍拾圆 Central Bank of China.$50.1923	Specimen(乙种 F—8428) Specimen (F—8428)
27	CC1—5A	中央银行民国十二年壹百圆 Central Bank of China.$100.1923	存档样票 Archive Example
28	CC1—5M	中央银行民国十二年壹百圆 Central Bank of China.$100.1923	母版拓样（C—32558） Master Proofs
29	CC1—5C	中央银行民国十二年壹百圆 Central Bank of China.$100.1923	色样（单张正面） Colortrial (face)
30	CC1—5Sa	中央银行民国十二年壹百圆 Central Bank of China.$100.1923	Specimen(甲种 F—7374) Specimen (F—7374)
31	CC1—5Sb	中央银行民国十二年壹百圆 Central Bank of China.$100.1926	Specimen(乙种 F—8429) Specimen (F—8429)

中央银行民国十二年壹圆（美国钞票公司存档样票）

Central Bank of China.$1.1923. Archive Example

面值：壹圆　年份：1923 年　图案：孙中山像　图幅：119 × 68mm 111 × 59mm　票幅：123 × 75mm

中华纸币研究标准编码：CC1—1A	S/M：C305—1S	PICK：171S
编号	印制年份	印制数量（张）
F—7370	1923 年 6 月	2,500,000
F—8095	1926 年 3 月	2,500,000
F—8268	1926 年 12 月	2,500,000
F—8425	1927 年 7 月	4,500,000（合同取消）

印制的批次顺序用“甲种、乙种、丙种、丁种”等区别。我们对批次的确定依据版铭样张的样票加印“SPECIMEN”的位置不同。

中央银行民国十二年壹圆母版拓样（C—32589 ）

Central Bank of China.$1.1923. Master Proofs

中华纸币研究标准编码：CC1—1M

中华纸币研究参考价全新 3,000 元

http://www.banknotestudy.com/k/a.aspx?id=103014

母版拓样甚为难得，但是由于缺乏观赏性的缘故往往造成经济价格低估现象。

中央银行民国十二年壹圆色样（单张正面）
Central Bank of China.$1.1923. Color Trial (face)

中华纸币研究标准编码：CC1—1C

许义宗先生提供

参考价全新 2,000 元

中央银行民国十二年壹圆 specimen（甲种 F—7370 版铭样张）
Central Bank of China.$1.1923.Specimen (F—7370) Edition sample

中华纸币研究标准编码：CC1—1SaE

香港钱币拍卖会 2012 年第 52 期 九五成至全新 2,398 元
http://www.banknotestudy.com/k/a.aspx?id=132178

中央银行民国十二年壹圆 Specimen（乙种 F—8095）
Central Bank of China.$1.1923.Specimen (F—8095)

中华纸币研究标准编码：CC1—1Sb

北京华夏国拍 2010 秋季拍卖黄琦收藏中国军用钞票专场九五成至全新 1,232 元
http://www.banknotestudy.com/k/a.aspx?id=111759

中央银行民国十二年壹圆 Specimen（丙种 F—8268 版铭样张）
Central Bank of China.$1.1923.Specimen (F—8268) Edition Sample

中华纸币研究标准编码：CC1—1ScE

第十届香港冠军拍卖会全新 2,507 元
http://www.banknotestudy.com/k/a.aspx?id=12847

中央银行民国十二年壹圆 Specimen（丁种 F—8425）
Central Bank of China.$1.1923.Specimen (F—8425)

中华纸币研究标准编码：CC1—1Sd

上海 2012 年秋季拍卖会 · 江南印象 · 中国纸币（二）全新 1,725 元
http://www.banknotestudy.com/k/a.aspx?id=87629

中央银行民国十二年伍圆（美国钞票公司存档样票）
Central Bank of China.$5.1923. Archive Example

面值：伍圆　年份：1923 年　图案：孙中山像　图幅：141 × 70mm 134 × 60mm　票幅：147 × 77mm

中华纸币研究标准编码：CC1—2A	S/M：C305—5s	PICK ：173s
编号	印制年份	印制数量（张）
F—7371	1923 年 6 月	1，500，000
F—8096	1926 年 3 月	500，000
F—8269	1926 年 12 月	500，000
F—8426	1927 年 7 月	1，100，000（合同取消）

中央银行民国十二年伍圆母版拓样（C—32585）
Central Bank of China.$5.1923. Master Proofs

中华纸币研究标准编码：CC1—2M

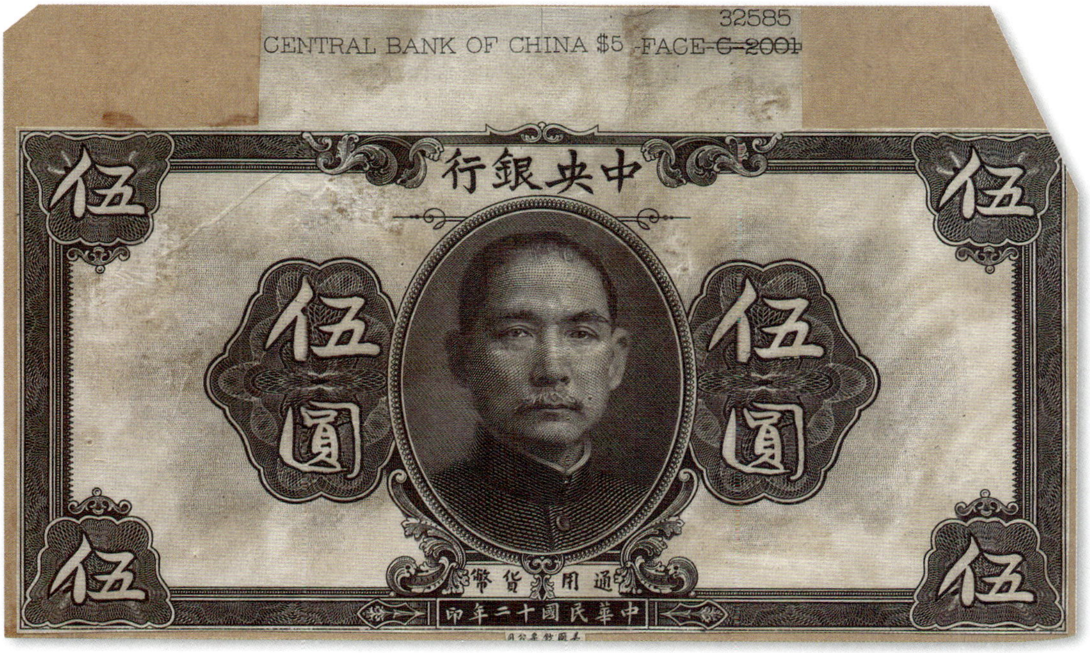

中华纸币研究参考价全新 4,000 元
http://www.banknotestudy.com/k/a.aspx?id=103016

中央银行民国十二年伍圆色样（单张正面）

Central Bank of China.$5.1923. Color Trial (face)

中华纸币研究标准编码：CC1—2C

许义宗先生提供

中华纸币研究参考价全新 3,000 元
http://www.banknotestudy.com/k/a.aspx?id=114402

中央银行民国十二年伍圆 Specimen（甲种 F—7371）
Central Bank of China.$5 1923.Specimen (F—7371)

中华纸币研究标准编码：CC1—2Sa

珍稀拍卖 2012 孟冬拍卖会全新 2,289 元
http://www.banknotestudy.com/k/a.aspx?id=93512

中央银行民国十二年伍圆 Specimen（乙种 F—8096)
Central Bank of China.$5.1923.Specimen (F—8096)

中华纸币研究标准编码：CC1—2Sb

鲍尔斯 The January 2012 N.Y.I.N.C Auction 九成 2,163 元
http://www.banknotestudy.com/k/a.aspx?id=54979

中央银行民国十二年伍圆 Specimen（丙种 F—8269 版铭样张）
Central Bank of China.$5.1923.Specimen (F—8269) Edition Sample

中华纸币研究标准编码：CC1—2ScE

斯宾克 12Jan 2013 Banknotes.Bonds and Share Certuficates 全新 2,405 元
http://www.banknotestudy.com/k/a.aspx?id=86719

中央银行民国十二年伍圆 Specimen（丁种 F—8426）
Central Bank of China.$5.1923.Specimen (F—8426)

中华纸币研究标准编码：CC1—2Sd

鲍尔斯 The April 2012 Hong Kong Auction 全新 1,884 元
http://www.banknotestudy.com/k/a.aspx?id=59212

中央银行民国十二年拾圆（美国钞票公司存档样票）
Central Bank of China.$10.1923. Archive Example

面值：拾圆　年份：1923 年　图案：孙中山像　图幅：152 × 78mm 145 × 66mm　票幅：159 × 84mm

中华纸币研究标准编码：CC1—3A	S/M：C305—11s	PICK：177s
编号	印制年份	印制数量（张）
F—7372	1923 年 6 月	500,000
F—8097	1926 年 3 月	500,000
F—8270	1926 年 12 月	500,000
F—8427	1927 年 7 月	500,000（合同取消）

中央银行民国十二年拾圆母版拓样（C—32565）
Central Bank of China.$10.1923.Master Proofs

中华纸币研究标准编码：CC1—3M

中华纸币研究参考价全新 4,000 元
http://www.banknotestudy.com/k/a.aspx?id=103017

中央银行民国十二年拾圆色样（单张正面）
Central Bank of China.$10.1923.Color Trial (face)

中华纸币研究标准编码：CC1—3C

许义宗先生提供

红色与流通票颜色不同，未采用色样。

中华纸币研究参考价全新 4,000 元
http://www.banknotestudy.com/k/a.aspx?id=132900

中央银行民国十二年拾圆 SPECIMEN（甲种 F—7372 版铭样张）
Central Bank of China.$10.1923.Specimen (F—7372) Edition Sample

中华纸币研究标准编码：CC1—3SaE

上海 2012 三月拍卖会 · 中国纸币（二）全新 2,530 元
http://www.banknotestudy.com/k/a.aspx?id=111000

中央银行民国十二年拾圆 SPECIMEN（乙种 F—8097）
Central Bank of China.$10.1923.Specimen (F—8097)

中华纸币研究标准编码：CC1—3Sb

档案国际 Allen Berk Collection of Rare Chinese Banknotes 全新 2,077 元
http://www.banknotestudy.com/k/a.aspx?id=90818

中央银行民国十二年拾圆 SPECIMEN（丙种 F—8270）
Central Bank of China.$10.1923.Specimen (F—8270)

中华纸币研究标准编码：CC1—3Sc

中国嘉德 2013 春季邮品钱币拍卖会 · 纸钞王士平收藏 全新 2,530 元
http://www.banknotestudy.com/k/a.aspx?id=99600

中央银行民国十二年拾圆 SPECIMEN（丁种 F—8427）
Central Bank of China.$1C.1923.Specimen (F—8427)

中华纸币研究标准编码：CC1—3Sd

斯宾克 12Jan 2013 Banknotes,Bonds and Share Certuficates 全新 2,886 元
http://www.banknotestudy.com/k/a.aspx?id=86720

中央银行民国十二年伍拾圆（美国钞票公司存档样票）打孔
Central Bank of China.$50.1923. Archive Example (pin hole perforated)

面值：伍拾圆　年份：1923 年　图案：孙中山像　图幅：167×82mm 157×73mm　票幅：173×91mm

中华纸币研究标准编码：CC1—4A	S/M：C305—16Ss	PICK：178s
编号	印制年份	印制数量（张）
F—7373	1923 年 6 月	50,000
F—8428	1927 年 7 月	50,000（合同取消）

中央银行民国十二年伍拾圆（未使用样票）
Central Bank of China.$50.1923.Colortrial (face)

中华纸币研究标准编码：CC1—4C

斯宾克 Jan 2011 Banknotes & Cions of Hong Kong&China 全新 6,602 元
http://www.banknotestudy.com/k/a.aspx?id=56399

中央银行民国十二年伍拾圆色样（单张正面）
Central Bank of China.$50.1923.Colortrial (face)

中华纸币研究标准编码：CC1—4U

许义宗先生提供

中华纸币研究参考价全新 8,000 元

中央银行民国十二年伍拾圆 SPECIMEN（甲种 F—7373）
Central Bank of China.$50.1923.Specimen (F—7373)

中华纸币研究标准编码：CC1—4Sa

上海 2012 三月拍卖会 · 中国纸币（二）全新 10,580 元
http://www.banknotestudy.com/k/a.aspx?id=111002

中央银行民国十二年伍拾圆 SPECIMEN（乙种 F—8428）
Central Bank of China.$50.1923.Specimen (F—8428)

中华纸币研究标准编码：CC1—4Sb

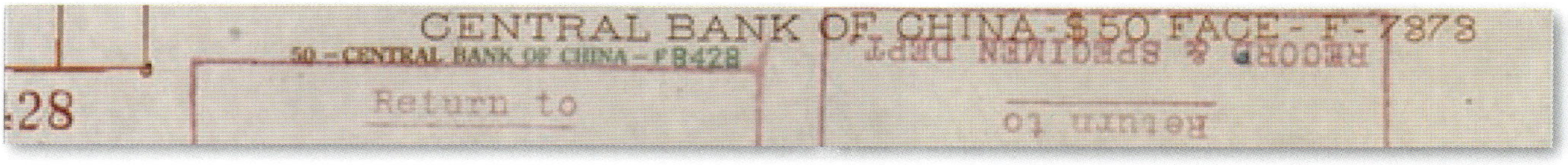

上海 2010 年春季拍卖会纸钞 全新 6,900 元
http://www.banknotestudy.com/k/a.aspx?id=82853

中央银行民国十二年壹百圆（美国钞票公司存档样票）
Central Bank of China.$100.1923. Archive Example

面值：壹佰圆　年份：1923 年　图案：孙中山像　图幅：178 × 88mm　171 × 79mm　票幅：182 × 95mm

中华纸币研究标准编码：CC1—5A	S/M：C305—17s	PICK：179s
编号	印制年份	印制数量（张）
F—7374	1923 年 6 月	25，000
F—8429	1927 年 7 月	25，000（合同取消）

中央银行民国十二年壹百圆母版拓样（C—32558）
Central Bank of China.$100.1923. Master Proofs

中华纸币研究标准编码：CC1—5M

中华纸币研究参考价全新 20,000 元

中央银行民国十二年壹百圆色样（单张正面）
Central Bank of China.$100.1923.Colortrial (face)

中华纸币研究标准编码：CC1—5C

许义宗先生提供

中华纸币研究参考价全新 10,000 元

中央银行民国十二年壹百圆 SPECIMEN（甲种 F—7374)
Central Bank of China.$100.1923.Specimen (F—7374)

中华纸币研究标准编码：CC1—5Sa

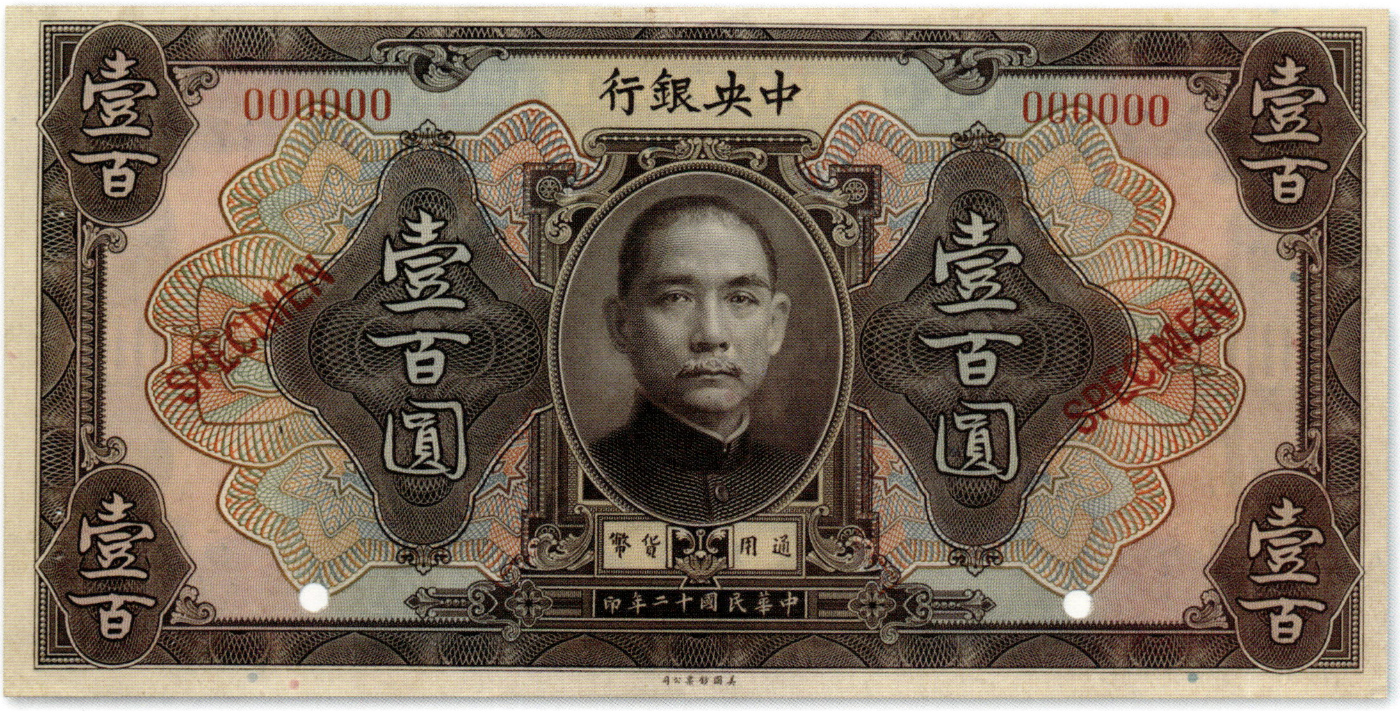

诚轩 2011 年秋季拍卖会 · 纸币 全新 10,925 元
http://www.banknotestudy.com/k/a.aspx?id=46845

中央银行民国十二年壹百圆 SPECIMEN(乙种 F—8429)
Central Bank of China.$100.1923.Specimen (F—8429)

中华纸币研究标准编码：CC1—5Sb

鲍尔斯 The April 2012 Hong Kong Auction 全新 13,552 元
http://www.banknotestudy.com/k/a.aspx?id=59216

第二节
汉口中央银行通用大洋货币兑换券

号数	编码	名称	属性
1	CC1—6A	中央银行民国十五年壹圆 Central Bank of China.$1.1926	存档样票 Archive Example
2	CC1—6C	中央银行民国十五年壹圆 Central Bank of China.$1.1926	色样（单张正面） Colortrial（face）
3	CC1—6S	中央银行民国十五年壹圆 Central Bank of China.$1.1926	Specimen
4	CC1—7A	中央银行民国十五年伍圆 Central Bank of China.$5.1926	存档样票 Archive Example
5	CC1—7C	中央银行民国十五年伍圆 Central Bank of China.$5.1926	色样 Colortrials
6	CC1—7S	中央银行民国十五年伍圆 Central Bank of China.$5.1926	Specimen
7	CC1—8A	中央银行民国十五年拾圆 Central Bank of China.$10.1926	存档样票 Archive Example
8	CC1—8C	中央银行民国十五年拾圆 Central Bank of China.$10.1926	色样 Colortrials
9	CC1—8Sa	中央银行民国十五年拾圆 Central Bank of China.$10.1926	Specimen（甲种 F—8116） Specimen（F—8116）
10	CC1—8Sb	中央银行民国十五年拾圆 Central Bank of China.$10.1926	Specimen（乙种 F—8296） Specimen（F—8296）
11	CC1—11A	中央银行民国十五年伍拾圆 Central Bank of China.$50.1926	存档样票 Archive Example
12	CC1—11C	中央银行民国十五年伍拾圆 Central Bank of China.$50.1926	色样 Colortrials
13	CC1—11S	中央银行民国十五年伍拾圆 Central Bank of China.$50.1926	Specimen
14	CC1—12A	中央银行民国十五年壹百圆 Central Bank of China.$100.1926	存档样票 Archive Example
15	CC1—12Sa	中央银行民国十五年壹百圆 Central Bank of China.$100.1926	Specimen
16	CC1—12Sb	中央银行民国十五年壹百圆 Central Bank of China.$100.1926	Specimen

中央银行民国十五年壹圆（美国钞票公司存档样票）
Central Bank of China.$1.1926. Archive Example

面值：壹圆　年份：1926 年　图案：孙中山像　图幅：152×66mm 145×57mm　票幅：160×75mm

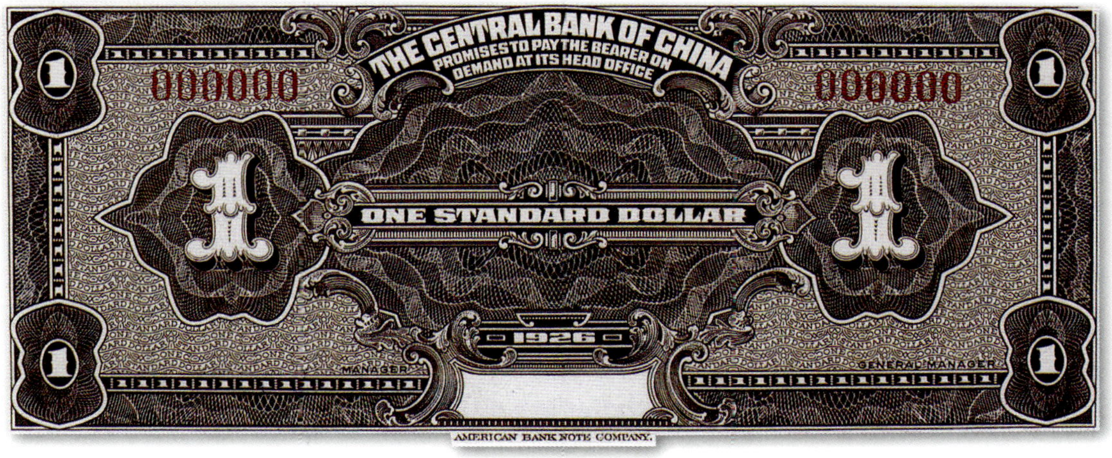

中华纸币研究标准编码：CC1—6A	S/M：C305—22s	PICK：182s
编号	印制年份	印制数量（张）
F—8114	1926 年 4 月	2,500,000
F—8294	1927 年 2 月	2,500,000

F—8294，乙种券流通票详见中央银行重庆分行四川兑换券部分。

中央银行民国十五年壹圆色样（单张正面）
Central Bank of China.$1.1926. Color Trials

中华纸币研究标准编码：CC1—6C

珍稀拍卖 2013 仲夏拍卖会 全新 704 元
http://www.banknotestudy.com/k/a.aspx?id=113802

中央银行民国十五年壹圆 SPECIMEN
Central Bank of China.$1.1926.Specimen

中华纸币研究标准编码：CC1—6S

上海 2010 年春季拍卖会 · 纸钞 全新 3,220 元
http://www.banknotestudy.com/k/a.aspx?id=526

分为甲种 F—8114 和乙种 F—8294，资料未够详尽，待进一步区分。

中央银行民国十五年伍圆（美国钞票公司存档样票）

Central Bank of China.$5.1926. Archive Example

面值：伍圆　年份：1926 年　图案：孙中山像　图幅：157 × 70mm　148 × 61mm　票幅：165 × 79mm

中华纸币研究标准编码 :CC1—7A	S/M:C305—24s	PICK : 183s
编号	印制年份	印制数量（张）
F—8115	1926 年 4 月	1,550,000
F—8295	1927 年 2 月	1,550,000

F—8295，乙种券流通票详见中央银行重庆分行四川兑换券部分。

中央银行民国十五年伍圆色样
Central Bank of China.$5.1926. Color Trials

中华纸币研究标准编码：CC1—7C

中华纸币研究参考价全新 5,000 元

中央银行民国十五年拾圆 SPECIMEN
Central Bank of China.$5.1926.Specimen

中华纸币研究标准编码：CC1—7S

上海 2013 年江南桂月拍卖会 · 春华秋实 全新 4,025 元
http://www.banknotestudy.com/k/a.aspx?id=117823

分为甲种 F—8115 和乙种 F—8295，资料未够详尽，待进一步区分。

中央银行民国十五年拾圆（美国钞票公司存档样票）
Central Bank of China.$10.1926. Archive Example

面值：拾圆　年份：1926 年　图案：孙中山像　图幅：164 × 72mm　154 × 63mm　票幅：171 × 80mm

中华纸币研究标准编码：CC1—8A	S/M：C305—26s	PICK：184s
编号	印制年份	印制数量（张）
F—8116	1926 年 4 月	775,000
F—8296	1927 年 2 月	775,000

F—8296，乙种券流通票详见中央银行重庆分行四川兑换券部分。

中央银行民国十五年拾圆色样
Central Bank of China.$10.1926. Color Trials

中华纸币研究标准编码：CC1—8C

珍稀拍卖 2013 仲夏拍卖会 八成 2,535 元
http://www.banknotestudy.com/k/a.aspx?id=113768

中央银行民国十五年拾圆 SPECIMEN（甲种 F—8116）
Central Bank of China.$10.1926.Specimen (F—8116)

中华纸币研究标准编码：CC1—8Sa

诚轩 2013 年春季拍卖会纸币 全新 2,300 元
http://www.banknotestudy.com/k/a.aspx?id=101125

中央银行民国十五年拾圆 SPECIMEN（乙种 F—8296）
Central Bank of China.$10.1926.Specimen (F—8296)

中华纸币研究标准编码：CC1—8Sb

上海 2010 年春季拍卖会 · 纸钞 全新 1,725 元
http://www.banknotestudy.com/k/a.aspx?id=70073

中央银行民国十五年伍拾圆（美国钞票公司存档样票）
Central Bank of China.$50.1926. Archive Example

面值：伍拾圆　年份：1926 年　图案：孙中山像　图幅：171 × 75mm 161 × 66mm　票幅：180 × 84mm

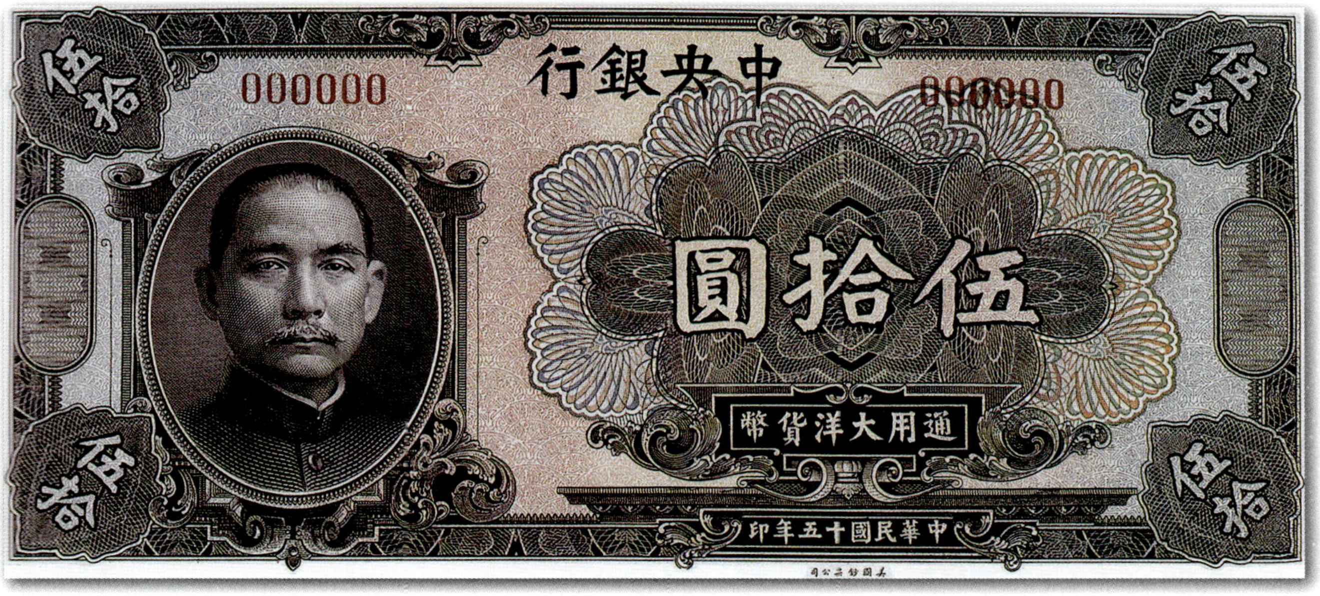

中华纸币研究标准编码：CC1—11A	S/M：C305—27s	PICK：184As
编号	印制年份	印制数量（张）
F—8117	1926 年 4 月	20,000
F—8297	1927 年 2 月	20,000

中央银行民国十五年伍拾圆色样
Central Bank of China.$50.1926. Color Trials

中华纸币研究标准编码：CC1—11C

诚轩 2013 年春季拍卖会 · 纸币 八五成 3,450 元
http://www.banknotestudy.com/k/a.aspx?id=53804

中央银行民国十五年伍拾圆 SPECIMEN
Central Bank of China.$50.1926.Specimen

中华纸币研究标准编码：CC1—11S

鲍尔斯 The April 2013 Hong Kong Auction 全新 7,867 元
http://www.banknotestudy.com/k/a.aspx?id=93191

分为甲种 F—8117 和乙种 F—8297，资料未够详尽，待进一步区分。

中央银行民国十五年壹百圆（美国钞票公司存档样票）
Central Bank of China.$100.1926. Archive Example

面值：壹百圆　年份：1926 年　图案：孙中山像　图幅：175 × 78mm　169 × 70mm　票幅：184 × 87mm

中华纸币研究标准编码：CC1—12A	S/M：无	PICK：184Bs
编号	印制年份	印制数量（张）
F—8118	1926 年 4 月	10,000
F—8298	1927 年 2 月	10,000

中央银行民国十五年壹百圆 SPECIMEN
Central Bank of China.$100.1926.Specimen

中华纸币研究标准编码：CC1—12Sa

中华纸币研究参考价全新 18,000 元

中央银行民国十五年壹百圆 SPECIMEN
Central Bank of China.$100.1926.Specimen

中华纸币研究标准编码：CC1—12Sb

中华纸币研究参考价全新 18,000 元
http://www.banknotestudy.com/k/a.aspx?id=31502

分为甲种 F—8118 和乙种 F—8298，资料未够详尽，待进一步区分。

第三节
中央银行银元辅币券

琶洲塔位于中国广州市海珠区新港东路的琶洲村。塔址原为珠江中洲渚，两山相连形似琵琶，故名琶洲。塔以琶洲为名。琶洲塔建于明朝万历二十八年（1600年），塔为八角形楼阁式砖塔，外观9层内分17层，高50余米。建塔时，琶洲未与珠江南岸相连，仍屹立于江中，对进出广州的船只起了导航的作用。由于其似中流砥柱，被列为清代羊城八景之一的“琶洲砥柱”。

清末仇池石辑《羊城古钞》卷七中记载："海鳌塔，在城东南四十里琵琶洲上……洲当会城下游，有二山连缀，穹然若魁父之邺。其内一石山冢高平，建塔其上，名曰海鳌，盖以常有金鳌浮出，当如白日也。赤岗、海鳌两塔屹然与白云之山并秀，为越东门户，引海印、海珠为三关，而全粤扶兴之气乃完且固。盖吾粤诸郡以会城为冠冕，会城壮，则全粤皆壮。乃今三蓉在东，三浮石在西。西以锁西北二江之上游；东以锁西北两江之下流。而虎门之内，有浮莲塔（即莲花塔）以束海口，使山水回顾有情，势力愈重。是浮莲塔又为江上之第三道塔云。”1927年琶洲塔在英文称为Whampoa Pagoda，即“黄埔塔”，也使用以粤拼标注的Pa—Chow Pagoda。塔旁是海鳌寺和北帝宫，已于“文化大革命”期间被毁。琶洲塔又曾被欧洲人称为“中途塔”。

号数	编码	名称	属性
1	CC1—9A	中央银行壹角（1927） Central Bank of China.10 Cents.(1927).	存档样票 Archive Example
2	CC1—10A	中央银行贰角（1927） Central Bank of China.20 Cents.(1927).	存档样票 Archive Example

中央银行壹角（1927）（美国钞票公司存档样票）
Central Bank of China.10 Cents.(1927). Archive Example

面值：壹角　年份：1927 年　图案：广州琶洲塔　图幅：118 × 50mm　100 × 41mm　票幅：118 × 60mm

中华纸币研究标准编码：CC1—9A	S/M：C305—31s	PICK：
编号	印制年份	印制数量（张）
F—8283	1927 年 1 月	50,000,000
F—8297	1927 年 2 月	20,000

1934 年 9 月上海中央银行订印券签名不同，详见上海中央银行部分。

中央银行贰角（1927）（美国钞票公司存档样票）
Central Bank of China.20Cents.(1927). Archive Example

面值：贰角　年份：1927 年　图案：广州琶洲塔　图幅：112×55mm 103×46mm　票幅：119×63mm

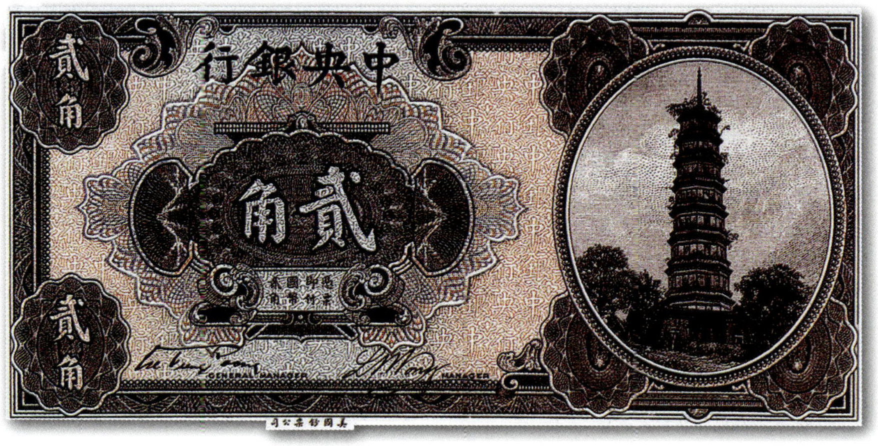

中华纸币研究标准编码：CC1—10A	S/M：C305—33s	PICK：
编号	印制年份	印制数量（张）
F—8284	1927 年 1 月	50,000,000

1934 年 9 月上海中央银行订印券签名不同，详见上海中央银行部分。

第四节
广东中央银行通用货币兑换券

号数	编码	名称	属性
1	CC1—13A	中央银行民国十二年壹圆（1928） Central Bank of China.$1.1923（1928）	存档样票 Archive Example
2	CC1—13C	中央银行民国十二年壹圆（1928） Central Bank of China.$1.1923（1928）	色样（单张正面） Color Trial（face）
3	CC1—13Sa	中央银行民国十二年壹圆（1928） Central Bank of China.$1.1923（1928）	Specimen（甲种 F—8680） Specimen（F—8680）
4	CC1—13Sb	中央银行民国十二年壹圆（1928） Central Bank of China.$1.1923（1928）	Specimen（乙种 F—8761） Specimen（F—8761）
5	CC1—14A	中央银行民国十二年伍圆（1928） Central Bank of China.$5.1923（1928）	存档样票 Archive Example
6	CC1—14C	中央银行民国十二年伍圆（1928） Central Bank of China.$5.1923（1928）	色样（单张正面） Color Trial（face）
7	CC1—14Sa	中央银行民国十二年伍圆（1928） Central Bank of China.$5.1923（1928）	Specimen（甲种 F—8681） Specimen（F—8681）
8	CC1—14Sb	中央银行民国十二年伍圆（1928） Central Bank of China.$5.1923（1928）	Specimen
9	CC1—15A	中央银行民国十二年拾圆（1928） Central Bank of China.$10.1923（1928）	存档样票 Archive Example
10	CC1—15C	中央银行民国十二年拾圆（1928） Central Bank of China.$10.1923（1928）	色样（单张正面） Color Trial（face）
11	CC1—15Sa	中央银行民国十二年拾圆（1928） Central Bank of China.$10.1923（1928）	Specimen（甲种 F—8682） Specimen（F—8682）
12	CC1—15Sb	中央银行民国十二年拾圆（1928） Central Bank of China.$10.1923（1928）	Specimen（乙种 F—8763） Specimen（F—8763）
13	CC1—16A	中央银行民国十二年伍拾圆（1928） Central Bank of China.$50.1923（1928）	存档样票 Archive Example
14	CC1—16C	中央银行民国十二年伍拾圆（1928） Central Bank of China.$50.1923（1928）	色样（单张正面） Color Trial（face）

15	CC1—16S	中央银行民国十二年伍拾圆（1928） Central Bank of China.$50.1923（1928）	Specimen
16	CC1—16SbE	中央银行民国十二年伍拾圆（1928） Central Bank of China.$50.1923（1928）	版铭样张（乙种 F—8764) Edition Sample (F—8764)
17	CC1—17A	中央银行民国十二年壹百圆（1928） Central Bank of China.$100.1923（1928）	存档样票 Archive Example
18	CC1—17C	中央银行民国十二年壹百圆（1928） Central Bank of China.$100.1923（1928）	色样（单张正面） Color Trial（face）
19	CC1—17SaE	中央银行民国十二年壹百圆（1928） Central Bank of China.$100.1923（1928）	版铭样张（甲种 F—8684) Edition Sample (F—8684)
20	CC1—17Sb	中央银行民国十二年壹百圆（1928） Central Bank of China.$100.1923（1928）	Specimen(乙种 F—8765) (F—8765)

中央银行民国十二年壹圆（1928）（美国钞票公司存档样票）
Central Bank of China.$1.1923 (1928). Archive Example

面值：壹圆　年份：1923 年　图案：孙中山像　图幅：（正面）120 × 68mm（背面）111 × 60mm
票幅：（甲种）124 × 75mm（乙种）128 × 76mm

中华纸币研究标准编码：CC1—13A	S/M：C305—3s	PICK：172s
编号	印制年份	印制数量（张）
F—8680	1928 年 6 月	4，500，000
F—8761	1928 年 9 月	3，500，000

中央银行民国十二年壹圆（1928）色样（单张正面）
Central Bank of China.$1.1923 (1928). Color Trial (face)

中华纸币研究标准编码：CC1—13C

许义宗先生提供

中华纸币研究参考价 3,000 元

中央银行民国十二年壹圆（1928）SPECIMEN（甲种 F—8680）
Central Bank of China.$1.1923 (1928).Specimen (F—8680)

中华纸币研究标准编码：CC1—13Sa

上海 2010 年春季拍卖会纸钞 全新 1,150 元
http://www.banknotestudy.com/k/a.aspx?id=468

中央银行民国十二年壹圆（1928）SPECIMEN（乙种 F—8761）
Central Bank of China.$1.1923 (1928).Specimen (F—8761)

中华纸币研究标准编码：CC1—13Sb

鲍尔斯 The April 2012 Hong Kong Auction 全新 2,823 元
http://www.banknotestudy.com/k/a.aspx?id=59208

中央银行民国十二年伍圆（1928）（美国钞票公司存档样票）
Central Bank of China.$5.1923 (1928) Archive Example

面值：伍圆　年份：1923 年　图案：孙中山像　图幅：（正面）140×69mm（背面）133×66mm
票幅：（甲种）146×77mm（乙种）152×77mm

中华纸币研究标准码：CC1—14A	S/M：C305—7S	PICK：174s
编号	印制年份	印制数量（张）
F—8681	1928 年 6 月	1,100,000
F—8762	1928 年 9 月	900,000

中央银行民国十二年伍圆（1928）色样（单张正面）
Central Bank of China.$5.1923 (1928). Color Trial (face)

中华纸币研究标准编码：CC1—14C

许义宗先生提供

中华纸币研究参考价 5000 元

中央银行民国十二年伍圆 SPECIMEN（甲种 F—8681）
Central Bank of China.$5.1923 (1928). Specimen (F—8681)

中华纸币研究标准编码：CC1—14Sa

上海 2010 年春季拍卖会纸钞 全新 1,725 元
http://www.banknotestudy.com/k/a.aspx?id=82823

中央银行民国十二年伍圆 SPECIMEN（乙种 F—8762）
Central Bank of China.$5.1923 (1928). Specimen (F—8762)

中华纸币研究标准编码：CC1—14Sb

珍稀拍卖 2012 孟冬拍卖会 全新 2289 元
http://www.banknotestudy.com/k/a.aspx?id=93510

中央银行民国十二年拾圆（1928）（美国钞票公司存档样票）

Central Bank of China.$10.1923 (1928) Archive Example

面值：拾圆　年份：1923 年　图案：孙中山像　图幅：（正面）154 × 75mm（背面）145 × 67mm

票幅：（甲种）145 × 78mm（乙种）163 × 85mm

中华纸币研究标准码：CC1—15A	S/M：C305—12S	PICK ：176S
编号	印制年份	印制数量（张）
F—8682	1928 年 6 月	500,000
F—8763	1928 年 9 月	900,000

中央银行民国十二年拾圆色样（单张正面）
Central Bank of China.$10.1923 (1928). Color Trial (face)

中华纸币研究标准编码：CC1—15C

许义宗先生提供

中华纸币研究参考价 3,000 元

中央银行民国十二年拾圆（1928）SPECIMEN（甲种 F—8682）
Central Bank of China.$10.1923 (1928). Specimen (F—8682)

中华纸币研究标准编码：CC1—15Sa

鲍尔斯 2009 Chicago Auction（C.I.C.F.）全新 1,232 元
http://www.banknotestudy.com/k/a.aspx?id=63727

中央银行民国十二年壹百圆（1928）色样（单张正面）
Central Bank of China.$100.1923 (1928). Color Trial (face)

中华纸币研究标准编码：CC1---17C

许义宗先生提供

中华纸币研究参考价 8,000 元

中央银行民国十二年壹百圆（1928）SPECIMEN（F8684）版铭样张
Central Bank of China.$100.1923 (1928). Specimen (F8684) Edition Sample

中华纸币研究标准编码：CC1—17SaE

中央银行民国十二年壹百圆（1928）SPECIMEN（F8765）
Central Bank of China.$100.1923 (1928). Specimen (F8765)

中华纸币研究标准编码：CC1—17Sb

档案国际 Allen Berk Collection of Rare Chinese Banknotes 九五成 8,496 元
http://www.banknotestudy.com/k/a.aspx?id=90807

乙种 F—8765，资料未够详尽，待进一步区分。

第二章

广州中央银行发行的通用货币券及军用票

孙中山先生等人在粤组织国民政府从事革命，要推翻北洋军阀封建和专制的统制。深感革命事业必须有健全的金融机构以利进行。民国十三年（1924年）秋，粤省军事紧急，税收短绌；省立银行停兑后，纸币停滞，低毫充斥，金融愈形恐慌，物价异常腾踊。广州国民政府为调剂金融，补救国民经济，募集外资组设中央银行。因省立银行停兑两年，信用渐失，非重新组织才能获得人民信任；且出师北伐，依赖国家银行之调剂。1924年8月15日，中央银行在广州宣告成立，宋子文为行长，黄隆生、林丽生为副行长，奉颁中行组织章程十六条，中央银行有发行货币之特权。中央银行成立后，业务日有发展，分行、兑换所及经理处等遍设广东省内及梧州各处。兹将各行、处成立经过，列表于后：

行别	成立日期	停止日期	备考
广州总行	1924年8月15日		1927年12月26日中断，1928年2月10日恢复
广州市第一兑换处	1924年11月	1925年9月广州市西堤分处成立前停业	
广州市第二兑换处	1924年11月		1927年12月后中断，1928年7月恢复，改名永汉兑换处
广州市第三兑换处	1925年3月	1925年9月广州市西堤分处成立前停业	
江门分行	1925年3月		1927年12月后中断，1928年5月恢复
佛山经理处	1925年7月	1927年12月停业	
广州西堤分处	1925年9月		1927年12月后中断，1928年7月恢复，改名西堤收支处
汕头分行	1926年1月20日		1927年8月中断，11月恢复
韶州分行	1926年3月19日		1927年4月中断，6月恢复；12月中断，1928年5月恢复
中山分行	1926年4月1日	1927年12月停业	
城口兑换所	1926年6月	1927年12月停业	
坪石兑换所	1926年6月	1927年5月停业	
南雄兑换所	1926年6月	1927年4月停业，7月复业，10月初又停业	
潮安经理处	1926年8月	1927年8月贺、叶入汕时停业	
梧州分行	1926年10月1日	1927年11月停业	
石龙经理处	1926年10月11日	1927年12月停业	
三水经理处	1926年10月22日	1927年12月停业	
北海分行	1927年6月		
海口分行	1928年6月15日		
香港分行	1929年5月4日		
梅菉经理处	1930年9月		

（摘选自区季鸾：《广东纸币史》中编，第4—5页，1935年9月初版）

根据《中央银行条例》规定：中央银行设行长 1 名、副行长 2 名，任期 6 年；董事长 1 人、董事 10 人，任期 3 年；监事 3 人，任期 2 年；这些人员均由政府任命，任职期间，均不兼任其他银行职务。行长代表中央银行，总理行务；董事长及董事，有监督行务、议决重要事项及建议的职责；监事掌稽核账目、查察库存现金及有价证券暨财产契据事项。实际上未设监事。

第一届董事会（民国十三年8月15日至民国十六年4月16日，即1924—1927年）成员：胡汉民、廖仲恺、邓泽如、叶恭绰、孙科、林云陔、宋子文。行长宋子文，副行长黄隆生、林丽生。

第二届董事会（民国 16 年 4 月至民国 18 年 2 月，即 1927—1929 年）成员：林云陔、冯祝万、金曾澄、李禄超、黄瑜生。行长黄隆生，副行长邓召荫。

在此期间，行长、副行长还有一些变动：民国十六年（1927 年）11 月，行长黄隆生、副行长邓召荫辞职后，广州政治分会任命邹敏初任中央银行行长。12月13日，邹敏初出逃，遗缺由副行长朱公准暂代。15 日，广州政治分会正式任命行长汪宗株、副行长朱公准。28 日，汪携带行长印章潜逃。民国十七年 1 月 6 日，广州政治分会令黄隆生、邓召荫复任正、副行长。3 月 1 日，增周斯铭担任副行长职。不久邓召荫离职出国，遗缺由政治分会派叶青接充。

中央银行受广州国民政府财政部领导，其行政机构分为两组：第一组为总管理处，负责监督检查总、分、支行处对业务方针政策的贯彻执行情况，稽核账务及其他行政管理事项，内设秘书处、稽核处；第二组为总行，负责各项业务经营、货币发行、金库收支等工作，及对各分支行处指挥调度事项，内设文书、会计、出纳、营业、发行、金库等科。

1924 年该行成立后就发行钞票，起初并无资本，只凭着当时国民党政府的命令，通过向人民现兑收集现金作为发行的准备金。中央银行发行纸币之始，秉承孙总理现兑政策，旋发旋收，以期适合社会需要，规定各级财税机关对税捐的收入和上缴必须一律使用中央银行纸币（以下简称“中币”），中行亦布告并无在市面强迫行使中行纸币，如商民有本行纸币，可向该行兑现。政府通令各机关，收入中行纸币须在该行兑换现洋，然后支给军政费。而盖其时粤局未统一，人心未宁，且当省行纸币低折之余，故对纸币之推行，异常审慎。

（中央银行因滇军政变停业十五日后又行将复业）日前广州政潮发生，大本营为防范滇军以武力向中央银行提出纸币基本金起见，特于本月 1 日，令行该银行行长宋子文，暂行停办。该行长遵令办理，基金账簿等件，完全搬存沙面及黄埔两处，并宣布于 2 日起，停止营业十五天，所有该行发出纸币，仍照十足通用，俟期满复业，即行回复兑现。现在滇军失败，广州为粤军克复，各机关亦同时规复办公，中央银行停业十五日之期，又适已届满，故该行何时复业，不独为商场所注意，抑于金融上亦有连带之关系。据闻中央银行生意，本已渐趋发达，万无倒闭之理，当粤军克复广州之后，中行本拟依停业十五天之约，于16号恢复营业，不意开战之后，银行地方，为滇军入驻作为炮垒，以致一切家私器具房屋，均完全捣乱不堪，是以复业之期不能履行……

民国十四年（1925年）9月，廖仲恺逝世，谣言复兴，中行对于挤兑风潮，雍容应付，且延长兑换时间，限制兑现，历两月时间，兑出现银四十万元之巨，卒亦不旋踵而平息。后十五年5月，复起微波，亦如昙花一现，且历险愈多，信用愈著，纸币升水，每千元常自数元至一二十元不等。民国十五年（1926年）中央银行行长宋子文在国民党第二次全国代表大会上的报告说："中央银行之纸币的信仰之所以高涨者，盖有其因也。当东征之时，陈逆（陈炯明）及帝国主义者广布谣言，人民纷纷将中央纸币找换毫洋，对于此种找换，中央银行毫无留难，而以毫洋收回纸币。因而国民及政府之敌人均完全信仰中央银行的纸币之可靠，有确实之担保。"当时，广州市及四乡均习惯使用毫银，因私铸泛滥，市面低伪毫银充斥，鉴别困难，若使用毫银，则在商品交易或债权债务清算上经常发生纠纷，而中币则币值稳定，十足通用，款项交收，不必扯皮，公私便利，群众乐用。孙中山的"现兑"和"兑现"政策，容易树立起人民对中币的信心，渐得商民之信仰，虽历经商团之变、东江之役，孙中山逝世，及杨、刘之叛乱，微波屡起，旋踵即平。

（北京《银行月刊》第5卷第7号，1925年7月25日）

而且每当市场出现对中币供不应求时，每千元往往升水几元至一二十元不等。币信昭著，可见一斑。中币在本省内及广西梧、邕等地，也通行无阻。省内各县亦筹款来中央银行领取钞票回县流通，第一期各县领用纸币共42万元。

（广州市拒用一元新纸币）广州中央银行发行之一元纸币，当印行之初，曾开会切实声明，一元纸币，不过百万元之数，请放心乐用等语。讵近来一元之新纸币，纷在市面发现，竟有七个号码者，显然已达百万元以上。因此，一般人民，对于七个号码之新纸币，一致拒用。中央银行闻有拒绝行用新纸币，特发出布告解释云：照得本行发出一元、五元两种货币，当初印时，有于号码之前、末，以英字母编列者，有以A、B等字冠诸号码之首者。此等记号原不过为内部易于查考起见，对外一律通用，惟恐全省商民人等，未及周知，或有误会，合行布告，一体知悉云。

（北京《银行月刊》第6卷笔7号，1926年7月25日）

自北伐军兴，广东以一省收入，供给七军饷糈，转战湘、鄂、豫、闽、浙、皖、赣、苏八省。斯时孙、吴诸军阀尚未扑灭，而广东金库支出，超过收入甚巨，欲再增新税，实已增无可增，欲再筹借款，又已借无可借，北伐饷糈势将中断。当局乃权其利害，将中币基金暂挪一部，以救北伐垂危之局。自是中行纸币遂无充量基金，然仍有相当之准备也。

此后，由于国民政府迁都武汉，财政部长兼中央银行行长宋子文把中央银行库存的现洋大量调去武汉，致使现金库存大量减少，币信开始动摇。“四一五”广州大屠杀事件后，民国十六年（1927年）4月23日中央银行纸币出现挤兑现象，由于该行努力维持兑换，故未酿成风潮。到8月中旬，宁汉合作，国民党内部各派系之间，矛盾重重、相互倾轧，蒋介石宣布下野，广州的政治气氛骤然紧张，金融投机分子趁机贬低中央银行纸币币值。8月17日，中央银行门前发生炸弹案。18日，中币发生第一次大挤兑风潮。19日上午，中币市价每百元降至97—98元，下午再降至92—93元，各银号、银庄拒兑，各行商店拒收，中币持有人心理愈加恐慌，纷纷集中于中央银行各级行处，要求兑现。虽然中央银行在几天之内兑出现金九百余万元，但求兑者仍络绎不绝。为此，广州政治分会决定采取强制措施，中央银行自8月30日起至9月3日止停兑5天，强迫金融借款1000万元，定期1年，利息1分，用中币缴交中央银行封存，将来由国库负责偿还，分配数：各行商会负担600万元，银业公会负担400万元，令各商会及银业公会负责募集，限5天内筹足。广州政治分会为早日完成此项筹款任务，责令公安局于9月1日凌晨出动大批保安队和武装警察查封了全市大小银号钱店，并把守其前后门，致令全市银业行不能开门营业。当天下午，银业公会被迫全数认缴。在政府高压手段下，广州市各行商会亦决定全数认缴。这次金融借款实收数：银业行374户，金额2655911元，各商业行856户，金额3316771元，总计5972682元，另收加一罚款5534元，仅完成借款数的60%。政府此次使用强迫借款的手段来紧缩通货，以最快速度收缩中币流通额600余万元，使币值回复相对稳定，每千元升水10至20元，最高价达70元。为此财政部示谕：“中央银行纸币与银毫平换，既不能低折，亦不能加水，倘敢故违……定行究罚。”9月5日，中央银行恢复营业。

中央银行在纸币发生大挤兑风潮时，为了弄清情况，争取社会支持，于民国十六年8月26日，邀请广州市各商会、银业公会联合检查中币发行及其保证金情况。查出中央银行开业至目前止，定制纸币总数为4000万元，纸币库存数2300万元，两者相抵，差额为1700万元，应减除8月18至25日门市兑现900万元，以及存在出纳科的中币40万元，即中币在市面的流通数实为760万元，而中央银行的保证金（包括毫银、大洋、放款等）计有767.4万元。这表明，流通中的中币，是有相当的资产作保证的，发生大挤兑风潮的原因是金融投机分子乘政局变化之机，制造混乱而致。中央银行恢复营业后，中币市场稍为平静了一阵子。

民国十六年（1927年）11月18日，广州“张黄事变”。发生后，11月21日中币发生第二次大挤兑。因无力应付，中央银行采取限制兑现办法，每天限兑2万元，由中央银行派员站立门前发筹，每日发200支，每支筹限兑100元。这一来，气氛更为紧张，领筹的人纷至沓来，争先恐后，拥挤不堪，使掌筹的人无法派发，只好把筹抛掷出去，任由群众互相争抢。随后，又出现了高价炒卖筹的现象，筹价愈高，纸币市价愈跌。财政厅只好发出告示，声明中央银行的钞票是支付政府税款的唯一法币，藉以扶持中币的信用。23日，官方又邀请商界团体代表参加中央银行清点现金库存，并由他们发表一份清点情况联合布告，说明中央银行库存有毫银和大洋800万元、港币40万元，要求各行业按全值使用中币，但都无济于事，大挤兑没有停止，市场混乱如故。12月11日，广州起义爆发，中央银行被焚烧，但库存完好，库存账册并无损失，惟有行长邹敏初于13日出走，临行前在金库中提出120万元毫银交张发奎作军费。因为财政金库是设在中央银行，故实际上也就是从中央银行的现金库存中拿出去的。12月19日，中央银行恢复营业。21日，总行和永汉路兑换所恢复小额兑换，中币价格由5成升至8成。25日，广州政治分会任命汪宗株为中央银行行长。28日，汪宗株携带全部库存现金、印章逃走，中央银行只好于29日突然宣布停业 。

民国十七年（1928年）1月初，李济深重新控制广州。为维持中央银行及其纸币的信用，一面派出行长筹备复业，一面于16日成立“中央银行纸币维持委员会”，派叶青为“整理中央银行纸币专员”，要求尽快制定切实的措施，维持中央银行及其纸币的信用。为此，政府当局制定了收缩纸币“银八纸二”办法：(1)自民国十七年1月26日起，全省一切征收均以八成现金二成中币缴纳；(2)军事机关自同年1月27日起，所有薪饷公费照八成支付现金；(3)党政各机关由同年2月份起，所有薪饷、经费等均以八成支付现金；(4)所有征收的二成中币，一律封存于中央银行，俟中央银行基金充裕时，始行兑换。这项办法于1月27日由省政府通令执行。此后，人们仍然疑虑重重，纸币价格由6成跌至3成。2月10日，中央银行宣布复业，至2月20日，共收入纸币200万元。中央银行于22日召集各行商会代表开会，议决了按月公开封存纸币的办法。这样，中币价格渐升至五成以上，人心暂定。至同年10月25日，封存纸币数额达1526.5万元，中币市价超过9成5。此外，还订立加速中币回笼的两项措施：一是向商人和群众借款；二是号召人民群众将中币存入银行，分期提取现金。通过上述货币回笼办法的实施，大量压缩了中币流通额，至民国17年6月上旬止，已回笼纸币一千余万元，其中各项收入回笼九百四十余万元，各机关、商民寄存的一百余万元，尚在流通领域中的中币，包括地名券在内约一千余万元，币值回升至六成以上。

民国十七年（1928 年）10 月，中央银行公布发行新版兑换券，以旧币行用，历时既久，纸质颜色间有损污，遂通告发行新币，收换旧币。

国民政府奠都南京后，另设中央银行。广州政治分会第一六一次会议，决议将广州之中央银行改组为广东中央银行。1929 年 3 月 1 日广东中央银行成立。

广东省银行成立后，以二十年版省毫券继续回兑。至二十一年 3 月呈报省政府，为清除前两行（广州中央，广东中央）积存之废券处理事，经准于自 21 日起，当众开始焚毁。其清理报告中有关（广州中央银行）旧券共焚 23,129,166 元——其中一元券 6,542,291 元；五元券 10，209，955 元；十元券 12，798，770 元；五十元券 2，428，650 元；一百元券 1，155，500 元。一元大洋券 338,651 元；五元大洋券 832,950 元；十元大洋券 973,500 元；一元普通券 38,100 元；五元普通券 39,000 元；十元普通券 103,000 元；五十元普通券 7,150 元。

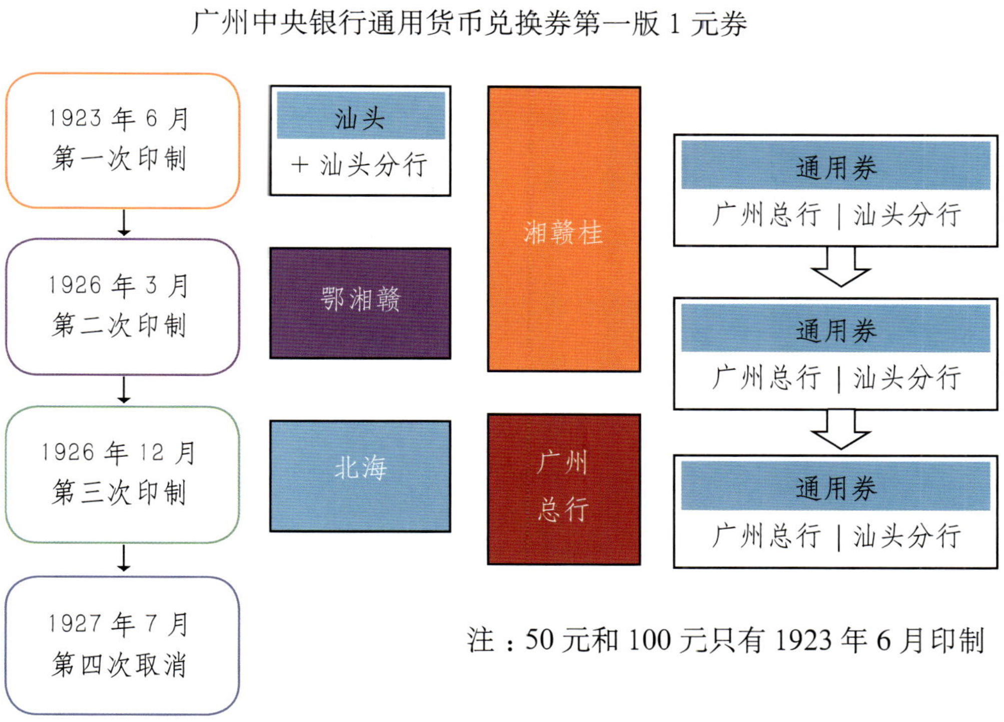

广州中央银行纸币关系图

第一节
广州中央银行发行的通用货币券（第一版）

民国十三年（1924年）8月15日，中央银行成立。章程规定：中央银行有发行货币的特权。

（中央银行最初发行纸币之种类）中央银行成立后，所发纸币，几经变换，初发纸币，种类分一元、五元、十元、五十元、一百元五种，系美国钞票公司承印。一元绿色，五元赭色，十元淡绿色，五十元红色，一百元棕色，上印先总理像。上端印“中央银行”四字，下端印“通用货币”、“中华民国十二年印”字样，左右为面额及行长宋子文、副行长黄隆生的英文签字。背面均是蓝色。（见民国广东财政厅档案《整理广东金融之经过》）

发行额至民国十四年1月止，为11万元，流通范围初限于广州市内。民国十四年始推广到佛山、汕头、潮安、江门、石龙、韶州、坪石以及广西省梧州、南宁等城市。

中央银行发行纸币数目，至十五年间，已达二千余万元。惟因挤兑风潮迭起，收回纸币亦复不少。至十六年8月26日，中央银行以市面谣传该行滥发纸币，因函约广州四商会赴行考查，查得在市面流通额，除连日兑现收回九百万元外，未收回者实共七百六十万元耳。兹将该四商会代表考查报告录后：

纸币：自开幕日起至现在止据券册所载核计，定制额共四千万元。种类：

一元券　O字号码一百万元，A、B、C、D、E、F六个号码每个一百万元，共六百万元，G字号码五十万元，共七百五十万元。

五元券　O字号码五百万元，A字号码五百万元，B字号码二百五十万元，共一千二百五十万元。

十元券　O字号码一千万元，A字号码五百万元，共一千五百万元。

五十元券　O字号码二百五十万元。

一百元券　0字号码二百五十万元。

以上合共四千万元。

除存库尚未发行计空白券二百万元,除废券样本券、纪念券等共五十万元,除“湘赣鄂”、“湘赣桂”等废券共六百万元，除拨往别省之未用空白券捌百万元，除印出地名券汕头、海口、北海、梧州、江门等埠，共二百五十万元（基金仍存各该地分行)。除发往各分行普通券四百万元（基金仍存各该分行)。六柱共二千三百万元。除外实发行市面共一千七百万元。市面流通额一千七百万元。除连日兑现收回共九百万元，存出纳科共四十万元,二柱共收回及存数九百四十万元,除外未收回实七百六十万元。

现银：

计存仓毫银六百一十八箱，每箱四千元，共二百四十七万二千元。计存仓大洋四十八箱，每箱四千元，共一十九万二千元。计存各号凭单，共六十一万元。计存放出款项约，共二百万元。计存在各行汇驳资本现金，约共二百万元。计存各分兑处约现金四十万元。六柱共约存现金七百六十七万四千元。

十六年9月1日，举行金融借款一千万元，准以纸币缴纳，纸币流通额复渐增。十七年终，中央银行营业报告所载，发出纸币已三千零一十二万二千三百七十八元五毫。(以上节选自区季鸾：《广东纸币史》中编51—15页，1935年9月初版)

除原废坏券50万元，销毁共3，776万元。回收率为百分之九十五，接惯例观之，可云达“全数”矣。

序号	编码	名称	属性
1	CC1—1Si	中央银行民国十二年壹圆样本 Central Bank of China.$1.1923	流通样本 (issued) Specimen
2	CC1—1Sn	中央银行民国十二年壹圆样本册 Central Bank of China.$1.1923	样本册 Specimen Notes
3	CC1—1a	中央银行民国十二年壹圆 Central Bank of China.$1.1923	甲种通用券
4	CC1—1b	中央银行民国十二年壹圆 Central Bank of China.$1.1923	乙种通用券
5	CC1—1d	中央银行民国十二年壹圆 Central Bank of China.$1.1923	丙种改签 Signature2
6	CC1—2Si	中央银行民国十二年伍圆样本 Central Bank of China.$5.1923	流通样本 (issued) Specimen
7	CC1—2*	中央银行民国十二年伍圆 Central Bank of China.$5.1923	爱国纪念　保存货币 Commemoration Note not for circulation

8	CC1—2a	中央银行民国十二年伍圆 Central Bank of China.$5.1923	甲种通用券
9	CC1—2b	中央银行民国十二年伍圆 Central Bank of China.$5.1923	乙种通用券
10	CC1—2c	中央银行民国十二年伍圆 Central Bank of China.$5.1923	丙种通用券
11	CC1—2d	中央银行民国十二年伍圆 Central Bank of China.$5.1923	丙种改签 Signature2
12	CC1—3Si	中央银行民国十二年拾圆样本 Central Bank of China.$10.1923	流通样本 (issued) Specimen
13	CC1—3*	中央银行民国十二年拾圆 Central Bank of China.$10.1923	爱国纪念 保存货币 Commemoration Note not for circulation
14	CC1—3a	中央银行民国十二年拾圆 Central Bank of China.$10.1923	甲种通用券
15	CC1—3b	中央银行民国十二年拾圆 Central Bank of China.$10.1923	乙种通用券
16	CC1—3c	中央银行民国十二年拾圆 Central Bank of China.$10.1923	丙种通用券
17	CC1—4Sa	中央银行民国十二年伍拾圆 Central Bank of China.$50.1923	流通票作样本 As.Specimen
18	CC1—4	中央银行民国十二年伍拾圆 Central Bank of China.$50.1923	通用券
19	CC1—5Sa	中央银行民国十二年壹百圆 Central Bank of China.$100.1923	流通票作样本 As.Specimen
20	CC1—5	中央银行民国十二年壹百圆 Central Bank of China.$100.1923	通用券

【CC1—1Si】中央银行民国十二年壹圆样本

Central Bank of China.$1.1923. (issued) Specimen

中华纸币研究标准编码：CC1—1Si		S/M：C305—1S		PICK：171S
正面图案：孙中山像（绿色）		背面图案：花符（蓝色）		
签名：无	尺寸：76×124mm		收藏星级★★★☆	
印制单位：美国钞票公司	印制时间：1923年6月—1927年7月			
鲍尔斯 EastBay&EduardKann Collectionsof Chinese 全新4,451元				
http://www.banknotestudy.com/k/a.aspx?id=448				

中央银行发行样本为加“样本”中文字者。有签名者CC1—1Ss罕见。

【CC1—1Sn】中央银行民国十二年壹圆样本册
Central Bank of China.$1.1923. Specimen Notes

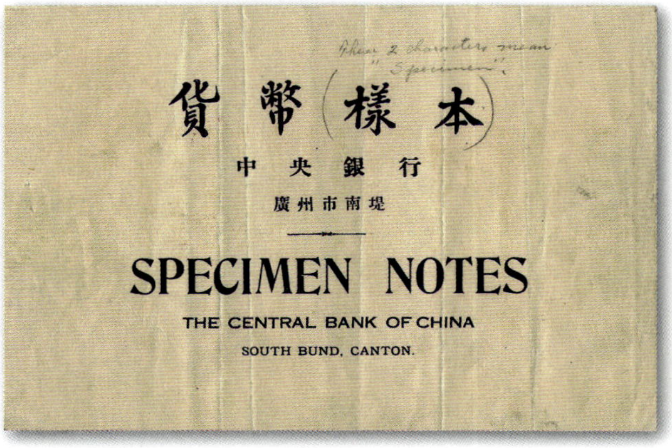

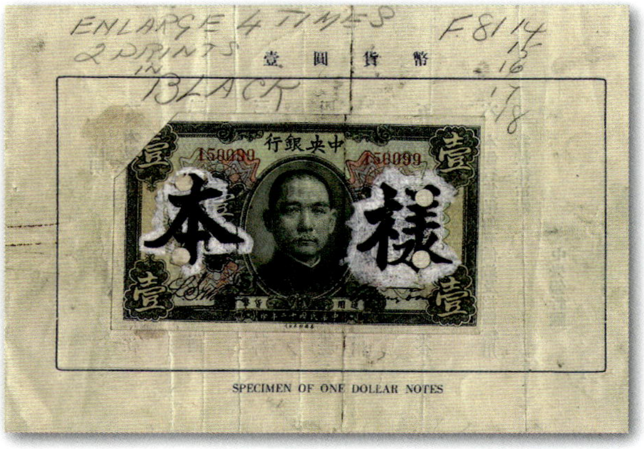

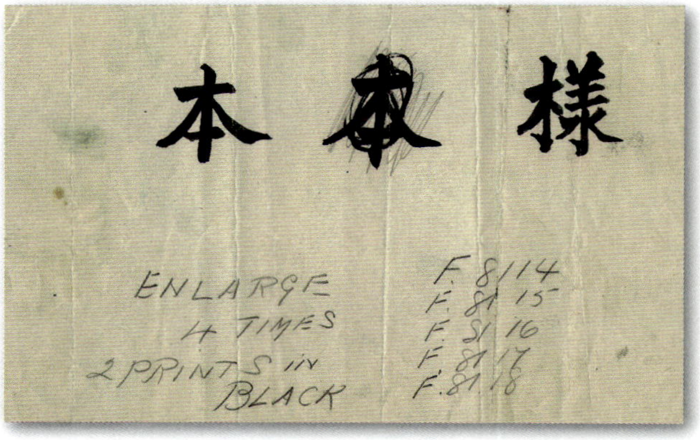

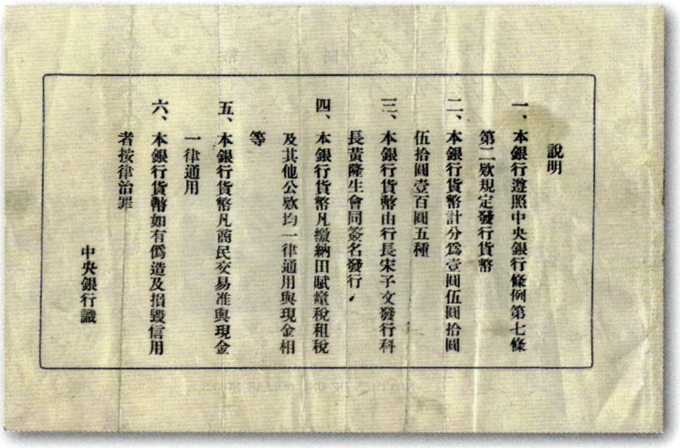

杨展孝先生藏

中华纸币研究参考价 10,000 元

纸币样本册：发行银行为了业务上的往来，将其发行的某版全套纸币或单张，装订成一个小册，附上有关说明文字，交由与之有关联的银行以做参考鉴别之需。

【CC1—1a】中央银行民国十二年壹圆（甲种）
Central Bank of China.$1.1923

中华纸币研究标准编码：CC1—1a	S/M：C305—1	PICK：171a
正面图案：孙中山像（绿色）	背面图案：花符（蓝色）	
签名：宋子文　黄隆生	尺寸：76 × 124mm	收藏星级★★★☆
印制单位：美国钞票公司	印制时间：1923 年 6 月	
发行时间：1924 年 8 月 15 日—1926 年	发行量：约 50 万张	
中华纸币研究参考价 3,000 元		

甲种券 1923 年 6 月印制 250 万张（000001—B500000）。目前只见到中央银行广州总行首发无字轨券，各县领用券 42 万元未见。旋发旋收，加之挤兑风潮迭起，1928 年 7 月 5 月大多封存回笼“广州总行”，八品以上者存世少。特别关注纸币背书印章。

【CC1—1b】中央银行民国十二年壹圆（乙种）
Central Bank of China.$1.1923

中华纸币研究标准编码：CC1—1b	S/M：C305—1	PICK：171a
正面图案：孙中山像（绿色）	背面图案：花符（蓝色）	
签名：宋子文　黄隆生	尺寸：76×124mm	收藏星级★★★
印制单位：美国钞票公司	印制时间：1926 年 9 月后	
发行时间：1926 年 9 月后	发行量：约 80 万张	
中华纸币研究参考价 1,000 元		

乙种券 1926 年 3 月印制 250 万张（B500001—D1000000）。目前见 C、D 字轨。在 1926 年 9 月“鄂、湘、赣三省通用券”发行之后发行。1928 年 7 月 5 月大多封存回笼，发行“广州总行”券。

【CC1—1d】中央银行民国十二年壹圆（丙种改签）
Central Bank of China.$1.1923. Signature2

中华纸币研究标准编码：CC1—1d	S/M：C305—2b	PICK：171a
正面图案：孙中山像（绿色）	背面图案：花符（蓝色）	
签名：黄隆生　周斯铭	尺寸：76×124mm	收藏星级★★★★
印制单位：美国钞票公司	印制时间：1926 年 12 月	
发行时间：1928 年 3 月 1 日后	发行量：约 40 万张	
中华纸币研究参考价八成 5,000 元		

丙种券 1926 年 12 月印制 250 万张（E000001—G500000）。F 字轨。此券副行长签名为周斯铭（1928 年 3 月 1 日任副行长）。1928 年 7 月 5 月封存回笼，发行“广州总行”券。发行时间短，存世少。

【CC1—2Si】中央银行民国十二年伍圆样本
Central Bank of China.$5.1923. (issued) Specimen

中华纸币研究标准编码：CC1—2Si	S/M：C305—5S	PICK：173S
正面图案：孙中山像（棕色）	背面图案：花符（蓝色）	
签名：无	尺寸：77×147mm	收藏星级★★★☆
印制单位：美国钞票公司	印制时间：1923 年 6 月—1926 年 12 月	
鲍尔斯 East Bay & Eduard Kann Collections of Chinese 全新 4，451 元		
http：//www.banknotestudy.com/k/a.aspx?id=483		

中央银行发行样本为加“样本”中文字者。有签名者 CC1—2Ss 罕见。

【CC1—2*】中央银行民国十二年伍圆“爱国纪念 保存货币”

Central Bank of China.$5.1923. Commemoration Note (not for circulation)

中华纸币研究标准编码：CC1—2*	S/M：C305—5g	PICK：180
正面图案：孙中山像（棕色）	背面图案：花符（蓝色）	
签名：宋子文　黄隆生	尺寸：77×147mm	收藏星级★★★★
印制单位：美国钞票公司	印制时间：1923 年 6 月	
发行时间：1924 年 8 月 16 日	发行量：4 万张	
上海 2011 春季拍卖会中国纸币全新 34,500 元		
http://www.banknotestudy.com/k/a.aspx?id=31102		

孙中山先生在民国十三年（1924 年）8 月 16 日于广州市成立的中央银行揭幕典礼上，亲自对当时广东军政府官员们发表开幕演说，后分别犒赏孙大元帅府下属纪念品“爱国纪念 保存货币”纪念券、非通货的废券样本券、纪念券等共 50 万元。由于当时仅限发给一批对讨伐陈炯明叛变有功的军政人员，故凡领受此项钞票者，莫不引为殊荣，视同拱璧。中华纸币研究图库收录共 13 张（012060—014971）。

【CC1—2a】中央银行民国十二年伍圆（甲种）
Central Bank of China.$5.1923

此券引自陈俊钿《民国时期中央银行纸币图录》，此券号码应为 B232394 券处理出来的。

甲种券1923年6月印制150万张（000001—A500000）。旋发旋收，加之挤兑风潮迭起，1928年6月发行“广州总行”券，封存回笼较彻底，流通券罕见。

中华纸币研究标准编码：CC1—2a	S/M：C305—5	PICK：173a
正面图案：孙中山像（棕色）	背面图案：花符（蓝色）	
签名：宋子文　黄隆生	尺寸：77×147mm	收藏星级★★★★☆
印制单位：美国钞票公司	印制时间：1923 年 6 月	
发行时间：1924 年 8 月 15 日	发行量：待考	
中华纸币研究参考价八成 20,000 元		

此券原为无字轨、无地名券，前 B 字轨和广州总行为后加，加盖粗糙。中华纸币研究图库收录有吴筹中先生、许义宗先生藏品共 3 张。此券为无地名版式。是否回笼券加盖发行待考。

【CC1—2b】中央银行民国十二年伍圆（乙种）
Central Bank of China.$5.1923

中华纸币研究标准编码：CC1—2b	S/M：C3C5—5	PICK：173a
签名：宋子文　黄隆生	尺寸：77×147mm	收藏星级★★★★
印制单位：美国钞票公司	印制时间：1926 年 3 月	
发行时间：1926 年 7 月 25 日	发行量：待考	
上海 2010 秋季拍卖会美国 Jason/ 英国 Austin 专场　八成 3,220 元		
http://www.banknotestudy.com/k/a.aspx?id=13254		

乙种券 1926 年 3 月印制 50 万张（A500001—A1000000）。中华纸币研究图库收录收录 1 张。

【CC1—2c】中央银行民国十二年伍圆（丙种）
Central Bank of China.$5.1923

中华纸币研究标准编码：CC1—2c	S/M：C305—5	PICK：173a
正面图案：孙中山像（棕色）	背面图案：花符（蓝色）	
签名：宋子文　黄隆生	尺寸：77×147mm	收藏星级★★★☆
印制单位：美国钞票公司	印制时间：1926 年 12 月	
发行时间：1927 年 9 月 5 日	发行量：待考	
上海 2012 三月拍卖会·中国纸币（二）九八成 16,100 元		
http://www.banknotestudy.com/k/a.aspx?id=110997		

丙种券 1926 年 12 月印制 50 万张（B000001—B250000）。发行不久发生挤兑，由于采取限兑，存世者品相好。中华纸币研究图库收录 6 张。

【CC1—2d】中央银行民国十二年伍圆（丙种改签）
Central Bank of China.$5 1923. Signature2

肖舟先生藏

中华纸币研究标准编码：CC1—2d	S/M：C305—5	PICK：173a
签名：黄隆生　周斯铭	尺寸：77 × 147mm	收藏星级★★★★☆
印制单位：美国钞票公司	印制时间：1926 年 12 月	
发行时间：1928 年 3 月 1 日	发行量：待考	
中华纸币研究参考价八成 20,000 元		

丙种券 1926 年 12 月印制 50 万张（B250001—B500000）。B 字轨，中华纸币研究图库收录 1 张。

【CC1—3Si】中央银行民国十二年拾圆样本
Central Bank of China.$10.1923 (issued) Specimen

中华纸币研究标准编码：CC1—3Si	S/M：C305—11S	PICK：177S
正面图案：孙中山像（绿色）	背面图案：花符（蓝色）	
签名：无	尺寸：83×160mm	收藏星级★★★★
印制单位：美国钞票公司	印制时间：1923年6月—1926年12月	
Stacksbowers The East Bay & Eduard Kann Collections Lot 九五成 4,451 元		
http://www.banknotestudy.com/k/a.aspx?id=12,338		

中央银行发行样本为加“样本”中文字者。有签名者 CC1—3Ss 罕见。

【CC1—3*】中央银行民国十二年拾圆“爱国纪念 保存货币”

Central Bank of China.$10.1923. Commemoration Note not for Circulation

中华纸币研究标准编码：CC1—3*	S/M：C305—11r	PICK：180A
正面图案：孙中山像（绿色）	背面图案：花符（蓝色）	
签名：宋子文　黄隆生	尺寸：83×160mm	收藏星级★★★☆
印制单位：美国钞票公司	印制时间：1923 年 6 月	
发行时间：1924 年 8 月 16 日	发行量：3 万张	
中国嘉德 2010 秋季拍卖会·徐枫收藏·海外集钞　九五成 14，560 元		
http：//www.banknotestudy.com/k/a.aspx?id=8057		

中华纸币研究图库共收录（005770—008542）24 张。

【CC1—3a】中央银行民国十二年拾圆（甲种）
Central Bank of China.$10.1923

中华纸币研究标准编码：CC1—3a	S/M：C305—11	PICK：177
正面图案：孙中山像（绿色）	背面图案：花符（蓝色）	
签名：宋子文　黄隆生	尺寸：83×160mm	收藏星级★★★★☆
印制单位：美国钞票公司	印制时间：1923年6月	
发行时间：1924年8月15日	发行量：待考	
诚轩2005年秋季拍卖会邮品钱币钱币部分 七五成6,500元 未成交		
http://www.banknotestudy.com/k/a.aspx?id=37137		

甲种券1923年6月印制50万张（000001—500000）。旋发旋收。1927年4月23日中央银行纸币出现挤兑现象，由于该行努力维持兑换，故未酿成风潮。11月18日，广州“张黄事变”后。11月21日中币发生第二次大挤兑。12月11日，广州起义爆发，中央银行于29日突然宣布停业 。1928年1月16日成立“中央银行纸币维持委员会”，派叶青为“整理中央银行纸币专员”，要求尽快制定切实的措施，维持中央银行及其纸币的信用。为此，政府制定了收缩纸币“银八纸二”办法。民国十七年（1928年）10月，中央银行公布发行新版兑换券，“以旧币行用历时既久，纸质颜色间有损污，遂通告发行新币，收换旧币”。甲种流通券罕见。中华纸币研究图库收录1张，该券是否涂改需实物确认。

【CC1—3b】中央银行民国十二年拾圆（乙种）
Central Bank of China.$10.1923

中华纸币研究标准编码：CC1—3b		S/M：C305—11	PICK：177
正面图案：孙中山像（绿色）		背面图案：花符（蓝色）	
签名：宋子文　黄隆生	尺寸：83×160mm	收藏星级★★★★	
印制单位：美国钞票公司		印制时间：1926 年 3 月	
发行时间：1926 年 7 月 25 日		发行量：待考	
中华纸币研究参考价八成 12,000 元			
http://www.banknotestudy.com/k/a.aspx?id=16590			

乙种券 1926 年 3 月印制 50 万张（500001—1000000）。中华纸币研究图库收录 3 张。

【CC1—3c】中央银行民国十二年拾圆（丙种）
Central Bank of China.$10.1923

中华纸币研究标准编码：CC1—3b	S/M：C305—11	PICK：177
正面图案：孙中山像（绿色）	背面图案：花符（蓝色）	
签名：宋子文　黄隆生	尺寸：83×160mm	收藏星级★★★★
印制单位：美国钞票公司	印制时间：1926 年 3 月	
发行时间：1926 年 7 月 25 日	发行量：待考	
中华纸币研究参考价八成 12,000 元		
http://www.banknotestudy.com/k/a.aspx?id=70969		

乙种券 1926 年 3 月印制 50 万张（500001—1000000）。中华纸币研究图库收录 3 张。

【CC1—4Sa】中央银行民国十二年伍拾圆流通票作样本
Central Bank of China.$5C.1923. As.Specimen

引自陈俊钿《民国时期中央银行纸币图录》

中华纸币研究标准编码：CC1—4Sa	S/M：C305—16S	PICK：178S
正面图案：孙中山像（桔色）	背面图案：花符（蓝色）	
签名：宋子文　黄隆生	尺寸：90×172mm	收藏星级★★★★★
印制单位：美国钞票公司	印制时间：1923 年 6 月	
中华纸币研究参考价 100,000 元		

【CC1—4】中央银行民国十二年伍拾圆
Central Bank of China.$50.1923

吴福生先生藏

中华纸币研究标准编码：CC1—4	S/M：C305—16	PICK：178a
正面图案：孙中山像（桔色）	背面图案：花符（蓝色）	
签名：宋子文　黄隆生	尺寸：90×172mm	收藏星级★★★★★
印制单位：美国钞票公司	印制时间：1923年6月	
发行时间：1924年8月15日	发行量：待考	
中华纸币研究参考价180,000元		

【CC1—5Sa】中央银行民国十二年壹百圆流通票作样本
Central Bank of China.$100.1923. AS.Specimen

引自陈俊钿《民国时期中央银行纸币图录》

中华纸币研究标准编码：CC1—5Sa	S/M：C305—17S	PICK：179S
正面图案：孙中山像（橄榄色）	背面图案：花符（蓝色）	
签名：宋子文　黄隆生	尺寸：96×182mm	收藏星级★★★★★
印制单位：美国钞票公司	印制时间：1923年6月	
中华纸币研究参考价100,000元		

【CC1—5】中央银行民国十二年壹百圆
Central Bank of China.$100.1923

中华纸币研究标准编码：CC1—5	S/M：C305—17	PICK：179a
正面图案：孙中山像（橄榄色）	背面图案：花符（蓝色）	
签名：宋子文　黄隆生	尺寸：96×182mm	收藏星级★★★★★
印制单位：美国钞票公司	印制时间：1923 年 6 月	
发行时间：待考	发行量：待考	
中华纸币研究参考价 250,000 元		

应为手签。此券为湘赣桂通用券涂改，借图参考。

第二节
广州中央银行发行的通用货币地名券

一、中央银行“广州总行”地名券

民国十七年（1928年）1月初，李济深重新控制广州。为维持中央银行及其纸币的信用，一面派出行长筹备复业，一面于16日成立“中央银行纸币维持委员会”，派叶青为“整理中央银行纸币专员”，要求尽快制定切实的措施，维持中央银行及其纸币的信用。为此，政府当局制定了收缩纸币“银八纸二”办法，于1月27日由省政府通令执行。此后，人们仍然疑虑重重，纸币价格由6成跌至3成。2月10日，中央银行宣布复业，至2月20日，共收入纸币200万元。中央银行于22日召集各行商会代表开会，议决了按月公开封存纸币的办法。这样，中币价格渐升至五成以上，人心暂定。至同年10月25日，封存纸币数额达1526.5万元，中币市价超过9成5。此外，还订立加速中币回笼的两项措施：一是向商人和群众借款；二是号召人民群众将中币存入银行，分期提取现金。通过上述货币回笼办法的实施，大量压缩了中币流通额，至民国十七年6月上旬止，已回笼纸币一千余万元，其中各项收入回笼九百四十余万元，各机关、商民寄存的一百余万元，尚在流通领域中的中币，包括地名券在内约一千余万元，币值回升至六成以上。

1928年6月9日，广东省成立“国税委员公署整理金融办事处”驻中央银行办公，采取三个步骤维持中币：第一步实行现兑，第二步施行兑现，第三步支付各项到期债务。

6月25日，国税委员公署公布中币现兑办法：将封存的中币，每张加盖“广州总行”4字戳记，实行现兑，并自7月5日起，政府税收一律收受盖戳中币8成（愿缴银毫者亦听便，但不得收受各种凭票），未盖戳中币2成，附加赈费2成亦照章收受盖戳中币。盖戳中币现兑后，中央银行即十足无限制兑现，银市不得开盘，流通中不得低折，违者以军法从事。其未加盖戳记经政府收受之中币，仍照案继续封存。此外，未经封存滞留市面的中币，亦定于8月10日开始兑现。

6月26日，“整理金融办事处”邀请各商会、团体代表开会，宣布兑现基金的保管办法：中央银行在兑现时所收入的银毫全部入库，作为盖戳中币的兑现准备金，政府决不挪作别用。今后，将已盖戳中币 1000 万元交中央银行保管。

6 月 26 日，中央银行发出现兑和兑现办法公告。从 7 月 5 日起，将已盖“广州总行”戳印的中央银行纸币，以现兑方式发行，实现了整理金融的第一步。在中币实行全面开兑之前，为保证币值稳定，顺利流通，广东省政府连续颁布了几个法令，加强货币管理：《严禁各征收机关收受各种凭票的通令》（民国十七年 7 月 2 日颁布）、《严禁广州市各私立银行、银号发行无记名凭票布告》（民国十七年 7 月 12 日颁布）、《严禁直接行使外币令》（民国十七年 7 月 23 日颁布）。

8 月 10 日，已封存的中币已达 1260 万元，价格亦涨至九成以上，中央银行于是公布，未盖戳中币分面额分期兑现。100 元券于 8 月 10 日开兑，50 元券于 8 月 16 日开兑，10 元券于 9 月 5 日开兑，5 元券于 10 月 5 日开兑，1 元券于 10 月 25 日开兑。这样，中央银行宣布该行所发各种面额纸币全部兑现。中币全面开兑后，重新树立币信，群众对盖戳中币极为乐用，在供不应求时，还出现升水五六元的情况，中币的流通基本恢复正常。由于中币已实现全面兑现，10 月 31 日，国税委员公署颁布“取消银八纸二”通令，对党政军各机构限支付 8 成现金的规定亦同时取消。整理金融计划全部实现后，“国税委员公署整理金融办事处”于 12 月 17 日呈准撤销。

民国十九年（1930 年）10 月，广东中央银行颁布换发新券销毁旧券办法：凡“票面上无广东两字加印于中央银行四字下两傍，而又系英文签字的，其背面是深蓝色的即是旧券”，限于 10 月 21 日起，一个月内到广东中央银行换取新券。

序号	编码	名称	属性
1	CC1—1Aa	中央银行民国十二年壹圆 广州总行（甲种） Central Bank of China.$1.1923.Canton Head Office	甲种
2	CC1—1Ab	中央银行民国十二年壹圆 广州总行（乙种） Central Bank of China.$1.1923. Canton Head Office	乙种
3	CC1—1Ad	中央银行民国十二年壹圆 广州总行（丙种改签） Central Bank of China.$1.1923.Canton Head Office. signature2	丙种改签
4	CC1—2Aa1	中央银行民国十二年伍圆 广州总行（甲种无字轨） Central Bank of China.$5.1923.Canton Head Office（No Prefix Letters）	甲种无字轨 （No Prefix Letters）
5	CC1—2Aa2	中央银行民国十二年伍圆 广州总行（甲种 A 字轨） Central Bank of China.$5.1923.Canton Head Office（A Prefix Letters）	甲种 A 字轨 （A Prefix Letters）
6	CC1—2Ab	中央银行民国十二年伍圆 广州总行（乙种） Central Bank of China.$5.1923.Canton Head Office	乙种
7	CC1—2Ac	中央银行民国十二年伍圆 广州总行（丙种） Central Bank of China.$5.1923. Canton Head Office	丙种
8	CC1—2Aa*	中央银行民国十二年伍圆 广州总行现兑券 Central Bank of China.$5.1923.(Hunan、Kiangsi&Kwangsi)	通用券
9	CC1—3Aa	中央银行民国十二年拾圆 广州总行（甲种） Central Bank of China.$10.1923. Canton Head Office	甲种
10	CC1—3Ab	中央银行民国十二年拾圆 广州总行（乙种） Central Bank of China.$10.1923. Canton Head Office	乙种
11	CC1—3Ac	中央银行民国十二年拾圆 广州总行（丙种） Central Bank of China.$10.1923.Canton Head Office	丙种
12	CC1—5A	中央银行民国十二年壹百圆 广州总行 Central Bank of China.$100.1923.Canton Head Office	通用券

【CC1—1Aa】中央银行民国十二年壹圆 广州总行（甲种）

Central Bank of China.$1.1923.Canton Head Office

杨展孝先生藏

中华纸币研究标准编码:CC1—1Aa	S/M:C305—1a	PICK:171d
正面图案:孙中山像（绿色）	背面图案:花符（蓝色）	
签名:宋子文　黄隆生	尺寸:76×124mm	收藏星级★★★
印制单位:美国钞票公司	印制时间:1923 年 6 月	
发行时间:1928 年 7 月 5 日	发行量:待考	
上海 2013 年江南桂月拍卖会·春华秋实·中国纸币（一）　七五成 2,530 元		
http://www.banknotestudy.com/k/a.aspx?id=117818		

甲种多为无字轨，见有 B486237 库存券和乙种券同时期发行。

【CC1—1Ab】中央银行民国十二年壹圆 广州总行（乙种）
Central Bank of China.$1.1923.Canton Head Office

中华纸币研究标准编码：CC1—1Ab	S/M：C3C5—1a	PICK：171d
正面图案：孙中山像（绿色）	背面图案：花符（蓝色）	
签名：宋子文　黄隆生	尺寸：76×124mm	收藏星级★★☆
印制单位：美国钞票公司	印制时间：1926年3月	
发行时间：1928年7月5日	发行量：待考	
中国嘉德2009春季拍卖会·丁张弓良收藏中国军用钞票 七五成5,600元		
http://www.banknotestudy.ccm/k/a.aspx?id=16574		

1928年6月25日令7月5日1—10元1,000万元。乙种B500001—D1000000。

【CC1—1Ad】中央银行民国十二年壹圆 广州总行（丙种改签）
Central Bank of China.$1.1923.Canton Head Office. Signature2

中华纸币研究标准编码：CC1—1Ad		S/M：C305—2a		PICK：171d
正面图案：孙中山像（绿色）		背面图案：花符（蓝色）		
签名：黄隆生　周斯铭	尺寸：76×24mm		收藏星级★★★☆	
印制单位：美国钞票公司		印制时间：1926 年 12 月		
发行时间：1928 年 7 月 5 日		发行量：待考		
鲍尔斯 The August 2011 Hong Kong Auction 八成 6,885 元				
http://www.banknotestudy.com/k/a.aspx?id=71849				

E、F 字轨。

【CC1—2Aa1】中央银行民国十二年伍圆 广州总行（甲种无字轨）
Central Bank of China.$5.1923.Canton Head Office (No Prefix Letters)

无字轨。此券左右两边有涂改，原因待考。

【CC1—2Aa2】中央银行民国十二年伍圆 广州总行（甲种 A 字轨）
Central Bank of China.$5.1923.Canton Head Office (A Prefix Letters)

中华纸币研究标准编码：CC1—2Aa2	S/M：C305—5a	PICK：173d
正面图案：孙中山像（棕色）	背面图案：花符（蓝色）	
签名：宋子文　黄隆生	尺寸：78×145mm	收藏星级★★★
印制单位：美国钞票公司	印制时间：1923 年 6 月	
发行时间：1928 年 7 月 5 日	发行量：待考	
上海 2011 江南九月拍卖会·中国纸币（二）八成 5,750 元		
http://www.banknotestudy.com/k/a.aspx?id=40249		

甲种券 1923 年 6 月印制 150 万张（000001—A500000）。无地名后加和湘赣桂涂改券较多。

【CC1—2Ab】中央银行民国十二年伍圆 广州总行（乙种）
Central Bank of China.$5.1923.Canton Head Office

中华纸币研究标准编码：CC1—2Ab	S/M：C305—5a	PICK：173d
正面图案：孙中山像（棕色）	背面图案：花符（蓝色）	
签名：宋子文　黄隆生	尺寸：78×145mm	收藏星级★★★☆
印制单位：美国钞票公司	印制时间：1926 年 3 月	
发行时间：1928 年 7 月 5 日	发行量：待考	
北京华夏国拍 2010 春季拍卖·黄琦收藏中国军用钞票专场 八成 3,584 元		
www.banknotestudy.com/k/a.aspx?id=83237		

乙种券 1926 年 3 月印制 50 万张（A500001—A1000000）。

【CC1—2Ac】中央银行民国十二年伍圆 广州总行（丙种）
Central Bank of China.$5.1923.Canton Head Office

杨展孝先生藏

中华纸币研究标准编码：CC1—2Ac	S/M：C305—5a	PICK：173d
正面图案：孙中山像（棕色）	背面图案：花符（蓝色）	
签名：宋子文　黄隆生	尺寸：78×145mm	收藏星级★★★☆
印制单位：美国钞票公司	印制时间：1923年12月	
发行时间：1928年7月5日	发行量：待考	
诚轩2008年秋季拍卖会钱币七五成3,584元		
www.banknotestudy.com/k/a.aspx?id=23494		

丙种券1926年12月印制50万张（B000001—B500000）。

【CC1—2Aa*】中央银行民国十二年伍圆 广州总行现兑券
Central Bank of China.$5.1923. (Hunan Kiangsi&Kwangsi)

中华纸币研究标准编码：CC1—2Aa*	S/M：C305—5a	PICK：173d
正面图案：孙中山像（棕色）	背面图案：花符（蓝色）	
签名：宋子文　黄隆生	尺寸：78×145mm	收藏星级★★★★★
印制单位：美国钞票公司	印制时间：1923 年 6 月	
发行时间：1928 年 10 月 5 日	发行量：待考	
中国嘉德 2009 春季拍卖会丁张弓良收藏中国军用钞票 七五成 58,240 元		
http://www.banknotestudy.com/k/a.aspx?id=71733		

此券加盖湘赣桂三省通用章。張多臆盖券以此券为原型。椭圆章加盖应为“广州总行”券时期，回收湘赣桂三省通用券回笼后现兑发行。

【CC1—3Aa】中央银行民国十二年拾圆 广州总行（甲种）
Central Bank of China.$10.1923.Canton Head Office

杨展孝先生藏

中华纸币研究标准编码：CC1—3Aa	S/M：C305—14	PICK：177b
正面图案：孙中山像（绿色）	背面图案：花符（蓝色）	
签名：宋子文　黄隆生	尺寸：83×160mm	收藏星级★★★★
印制单位：美国钞票公司	印制时间：1923年6月	
发行时间：1928年7月5日	发行量：待考	
中华纸币研究参考价15,000元		

甲种券1923年6月印制50万张（000001—500000）。

【CC1—3Ab】中央银行民国十二年拾圆 广州总行（乙种）

Central Bank of China.$10.1923.Canton Head Office

中华纸币研究标准编码：CC1—3Ab	S/M：	PICK：177b
正面图案：孙中山像（绿色）	背面图案：花符（蓝色）	
签名：宋子文　黄隆生	尺寸：83×160mm	收藏星级★★★★
印制单位：美国钞票公司	印制时间：1926 年 3 月	
发行时间：1928 年 7 月 5 日	发行量：待考	
中华纸币研究参考价 15,000 元		

乙种券 1926 年 3 月印制 50 万张（500001—1000000）。

【CC1—3Ab】中央银行民国十二年拾圆 广州总行（丙种）
Central Bank of China.$10.1923.Canton Head Office

中华纸币研究标准编码：CC1—3Ac	S/M：C305—14	PICK：177b
正面图案：孙中山像（绿色）	背面图案：花符（蓝色）	
签名：宋子文　黄隆生	尺寸：83×160mm	收藏星级★★★★
印制单位：美国钞票公司	印制时间：1926 年 12 月	
发行时间：1928 年 7 月 5 日	发行量：待考	
中国嘉德 2009 春季拍卖会·丁张弓良收藏中国军用钞票 七成 6,944 元		
www.banknotestudy.com/k/a.aspx?id=70963		

丙种券 1926 年 12 月印制 50 万张（A000001—A500000）。

【CC1—5A】中央银行民国十二年壹百圆 广州总行
Central Bank of China.$100.1923.Canton Head Office

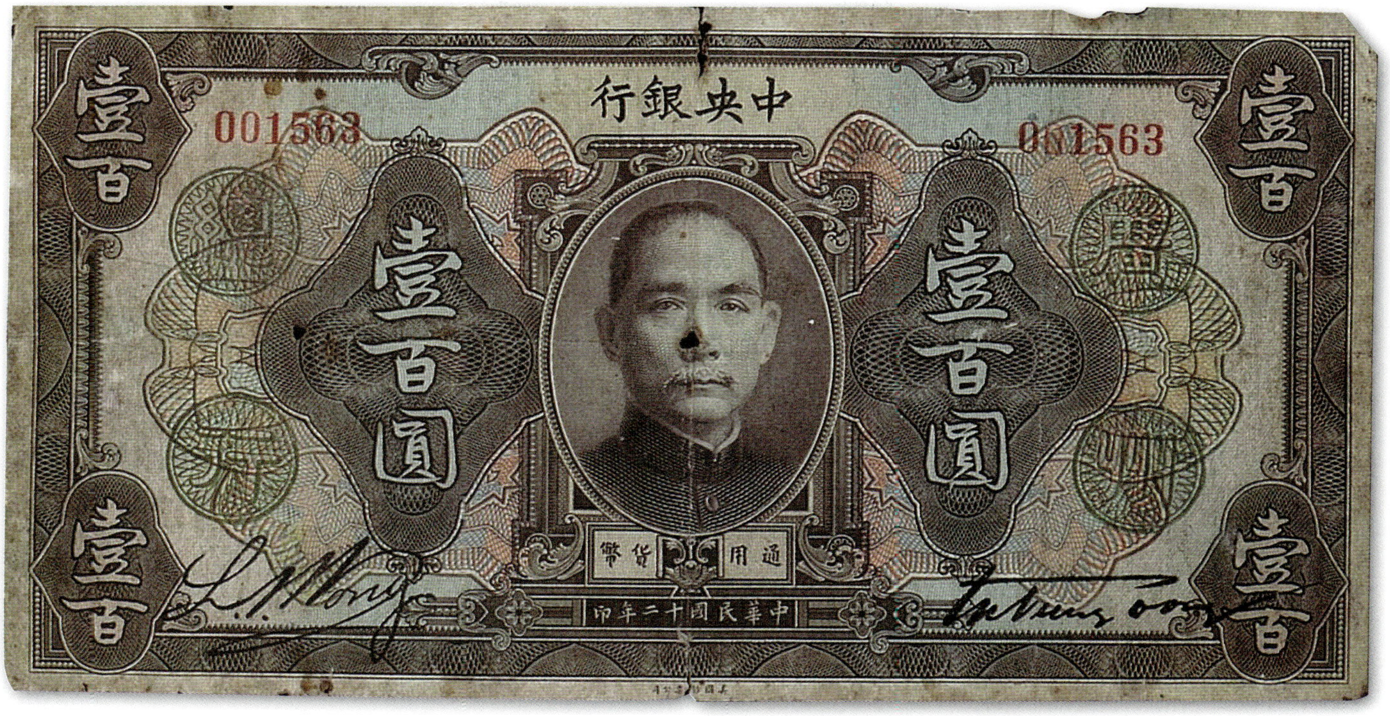

吴福生先生藏

中华纸币研究标准编码：CC1—5A		S/M：C305—17a	PICK：179 b
正面图案：孙中山像（橄榄色）		背面图案：花符（蓝色）	
签名：宋子文　黄隆生	尺寸：96×182mm		收藏星级★★★★★
印制单位：美国钞票公司		印制时间：1923 年 6 月	
发行时间：1928 年 7 月 5 日		发行量：待考	
中华纸币研究参考价 200，000 元			

二、中央银行汕头地名券

广东行政委员制

广东省在民国十四年11月21日至民国十五年11月10日，将全省划分为广州、西江、东江、南路及琼崖及北江等行政区域。每一区域的领导机关为行政委员公署，长官为行政委员，由广州国民政府简任。按当时实际情形，行政委员多由其他官员兼任，单独设置者较少。行政委员公署内，分科办事，科设科长一人。行政委员的职责，据民国十四年11月25日广州国民政府对东江、南路各行政委员的规定，有下列两项："(一)督率所属各县县长处理地方事宜；(二）对于所属各县县长，得先行任免，再报告于政府"。东江各属行政委员所辖区域相当于清代的惠州、潮州、梅州三府全境，南路辖区相当于清代的廉州府、雷州府、高州府及肇庆府的恩平、开平、新兴、阳春、阳江和罗定州的罗定等县。民国十五年11月10日，广州国民政府改组广东省政府，明令裁撤各路行政委员，该项制度遂告消亡。

地名券

中央银行发行纸币之初，"因奉行孙总理现兑政策，尤以收缩为作用，盖其时粤局未统一，人心未宁，故旋发旋收，以期适合社会需要。迨十四年下期，东江底定，杨、刘肃清，发行额乃逐步扩充。洎十五年上期，中行业务更形发展，由是推设分行"，并拟定按县领用办法，呈准财政厅通令各县筹款来行现兑，回县流通。第一期各县领用纸币共四十二万元，其分配如后：

领用纸币额二万元者：中山、东莞、顺德、南雄等四县。领用纸币额一万元者：茂名、电白、惠阳、博罗、英德、连县、罗定、曲江、台山、高要、清远、三水、增城、钦县、阳江、合浦、海康等十七县。领用纸币额五千元者：海丰、河源、龙川、连平、连山、陆丰、乐昌、新兴、云浮、鹤山、广宁、四会、花县、灵山、防城、遂溪、信宜、阳春、化县、吴川、廉江等二十一县。领用纸币额三千元者：和平、蕉岭、平远、新丰、仁化、翁源、郁南、始兴、高明、封川、佛冈、龙门、乳源、徐闻等十四县。领用纸币额二千元者：阳山、开建、赤溪等三县。

中央银行发行纸币数目，日有增加，至民国十五年达2000余万元，惟因挤兑风潮迭起，收回纸币亦复不少。至十六年8月26日，中央银行以市面谣传该行滥发纸币，因函约广州四商会赴行考查，差得在市面流通额，除连日兑现收回900万元外，未收回者实共760万元耳。

中央银行除发行通用券外，还发行地名券。由于中央银行纸币流通范围日益扩大，汕头、江门、钦、廉、琼及广西梧州的中央银行机构，向广州总行领取纸币，回去后盖上本区地名印章，发出行使。

中央银行印制地名券汕头、海口、北海、梧州，江门等埠，共250万元（基金仍存各该地分行）。

汕头地名券

汕头市，民国十年3月，中华民国军政府广东省公署置，并颁布《汕头市暂行条例》，管理机构为市政厅。治所即今广东汕头市。民国十七年7月，依据《市组织法》，改市政厅为市政府。民国十八年9月，广东省政府以汕头设市咨请内政部转呈中央备案。内政部核议后，以汕头应否设市，应待修正《市组织法》核定颁布后再行办理。民国十八年《市组织法》公布后，广东省政府又呈请行政院，历述汕头设市的必要——谓汕头市人口依近年调查虽仅有14万，与《市组织法》不相符，但就交通、贸易及税收言，实有设市的必要。10月21日，国民政府核准析澄海县汕头埠和崎碌等区域置，隶属于广东省。民国三十六年9月20日公布《广东省汕头市政府组织规程》。

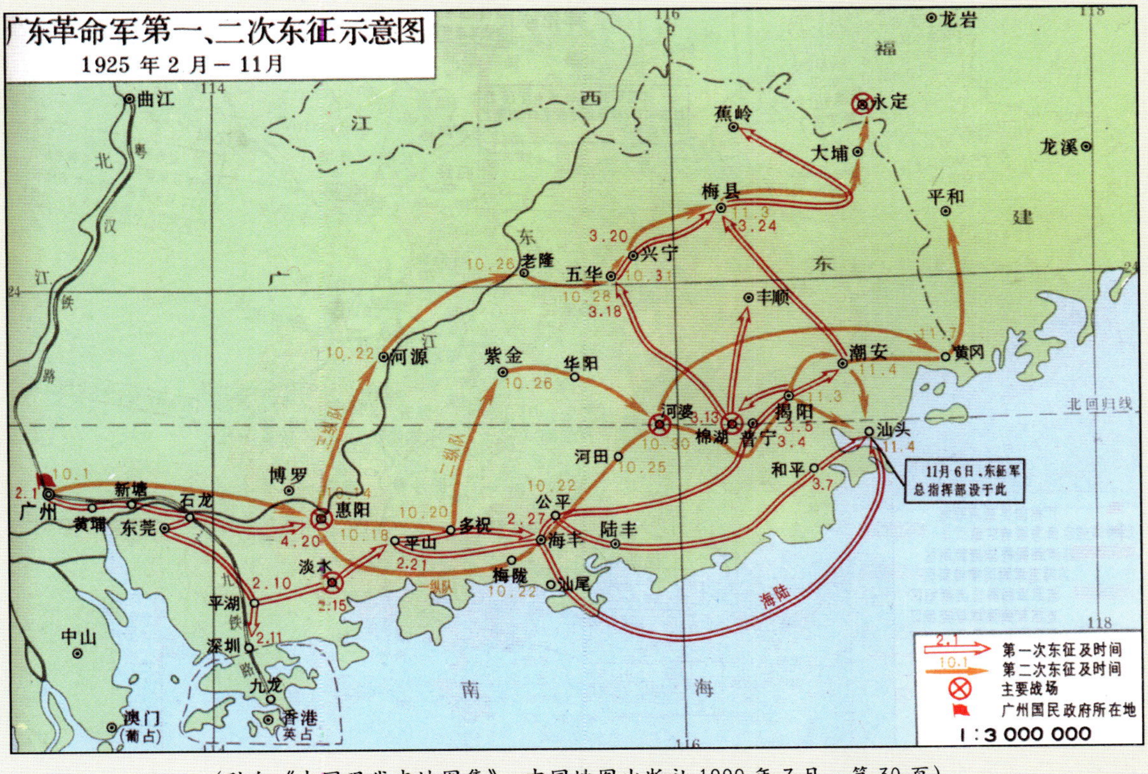

（引自《中国现代史地图集》，中国地图出版社1999年7月，第30页）

民国十五年（1926 年）1 月 20 日中央银行汕头分行成立，正式发行 1 元、5 元、10 元毫洋汕头地名券。12 月，中央银行以“汕头一埠，向用大洋，而该行在汕头发行者只有毫券一种，不便使用，13 日，汕头分行发行地各大元券，分 1 元、5 元、10 元三种，先发行 15 万元，凡属正杂各项收如应收大元者，均得以大元券征纳，其余寻常行用，原日发行之毫券仍准通行不悖”。

民国十六年（1927 年），中央银行汕头分行力图推行中央纸币，但由于 10 多年来政局动荡，人民对政府不够信任，又遇到设于汉口的中央银行纸票停止兑现，伪盖“汕头”二字的字票在汕头混用，商民发觉后，即宣告一律拒收。汕头分行行长张智，认为国家纸币不能流通，被私家纸币打击，非将汕头的保证纸扫除不可，遂向省行报告，提出取缔私家银庄发行纸币措施。8 月汕头分行中断，11 月恢复。

序号	编码	名称	属性
1	CC1—1ST1	中央银行民国十二年壹圆汕头 Central Bank of China.$1.1923.Swatow (No Prefix Letters)	无字轨 No Prefix Letters
2	CC1—1ST2	中央银行民国十二年壹圆汕头 A 字轨 Central Bank of China.$1.1923.Swatow (A Prefix Letters)	A 字轨 A Prefix Letters
3	CC1—2ST	中央银行民国十二年伍圆汕头毫洋地名券 Central Bank of China.$5.1923. Swatow	毫洋地名券
4	CC1—3ST	中央银行民国十二年拾圆汕头毫洋地名券 Central Bank of China.$10.1923. Swatow	毫洋地名券
5	CC1—1STAa	中央银行民国十二年壹圆汕头分行（甲种） Central Bank of China.$1.1923.Swatow Subsidiary Bank	甲种
6	CC1—1STAb	中央银行民国十二年壹圆汕头分行（乙种） Central Bank of China.$1.1923.Swatow Subsidiary Bank	乙种
7	CC1—1STBa	中央银行民国十二年壹圆汕头（汕头分行）无字轨 Central Bank of China.$1.1923.Swatow.Swatow Subsidiary Bank (No Prefix Letters)	无字轨 No Prefix Letters
8	CC1—1STBa2	中央银行民国十二年壹圆汕头（汕头分行）A 字轨 Central Bank of China.$1.1923.Swatow.Swatow Subsidiary Bank (A Prefix Letters)	A 字轨 A Prefix Letters
9	CC1—2STBa	中央银行民国十二年伍圆汕头（汕头分行） Central Bank of China.$5.1923.Swatow.Swatow Subsidiary Bank	甲种
10	CC1—2STBd	中央银行民国十二年伍圆汕头（汕头分行）（丙改签） Central Bank of China.$5.1923.Swatow.Swatow Subsidiary Bank	丙改签
11	CC1—4STB	中央银行民国十二年伍拾圆汕头（汕头分行） Central Bank of China.$50.1923.Swatow. Swatow Subsidiary Bank	通用券

【CC1—1ST1】中央银行民国十二年壹圆汕头
Central Bank of China.$1.1923.Swatow (No Prefix Letters)

中华纸币研究标准编码：CC1—1ST1	S/M：C305—1e	PICK：171e
正面图案：孙中山像（绿色）	背面图案：花符（蓝色）	
签名：宋子文　黄隆生	尺寸：76×124mm	收藏星级★★★☆
印制单位：美国钞票公司	印制时间：1923 年 6 月	
发行时间：1926 年 1 月 20 日	发行量：5 万元	
中华纸币研究参考价 2,500 元		

早期汕头领用券黄隆生签名较细。中华纸币研究图库收录 2 张。

【CC1—1ST2】中央银行民国十二年壹圆汕头
Central Bank of China.$1.1923.Swatow (A Prefix Letters)

中华纸币研究标准编码：CC1—1ST2		S/M：C305—1e	PICK：171e
正面图案：孙中山像（绿色）		背面图案：花符（蓝色）	
签名：宋子文　黄隆生	尺寸：76×124mm	收藏星级★★	
印制单位：美国钞票公司		印制时间：1923 年 6 月	
发行时间：1926 年 11 月		发行量：25 万	
北京华夏国拍 2013 秋季拍卖会纸币　九成 920 元			
http://www.banknotestudy.com/k/a.aspx?id=129052			

A 字轨，中央银行汕头分行 1926 年 11 月复业时发行。因兑换回收率较低而常见。

【CC1—2ST】中央银行民国十二年伍圆汕头毫洋地名券
Central Bank of China.$5.1923.Swatow

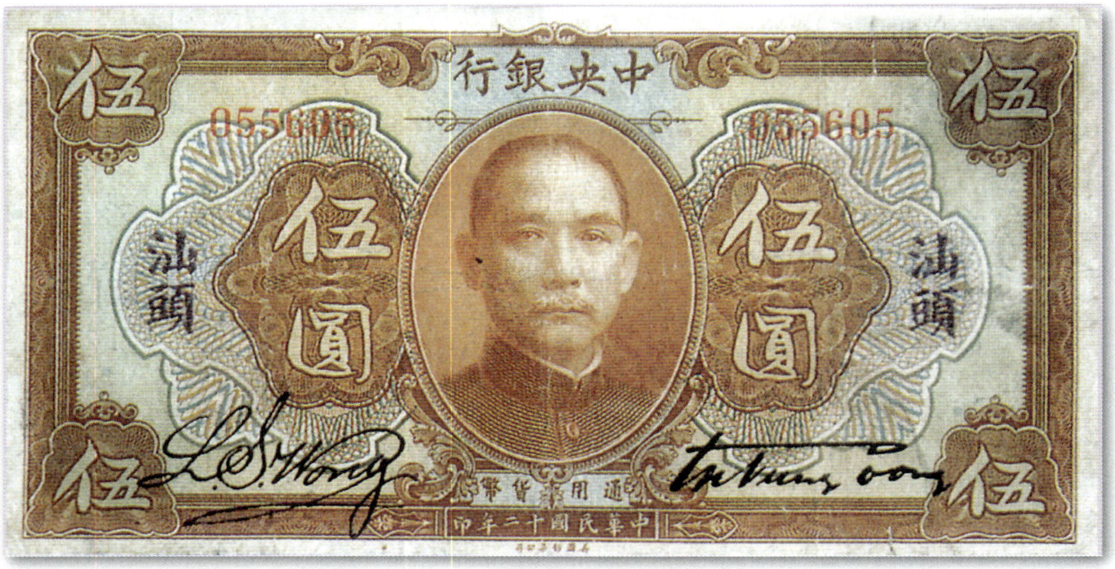

中华纸币研究标准编码：CC1—2ST	S/M：C305—5f	PICK：
正面图案：孙中山像（棕色）	背面图案：花符（蓝色）	
签名：宋子文　黄隆生	尺寸：78×145mm	收藏星级★★★★☆
印制单位：美国钞票公司	印制时间：1923年6月	
发行时间：1926年	发行量：待考	
诚轩2006年秋季拍卖会·钱币　六五成7,700元		
http://www.banknotestudy.com/k/a.aspx?id=56409		

早期汕头领用券，中华纸币研究图库收录2张。

【CC1—3ST】中央银行民国十二年拾圆汕头毫洋地名券
Central Bank of China.$10.1923.Swatow

中华纸币研究标准编码：CC1—3ST		S/M：	PICK：
正面图案：孙中山像（绿色）		背面图案：花符（蓝色）	
签名：宋子文　黄隆生	尺寸：83×160mm	收藏星级★★★★☆	
印制单位：美国钞票公司		印制时间：1926 年 3 月	
中国嘉德 2010 春季拍卖会纸钞专场 七五成 67,200 元			
http://www.banknotestudy.com/k/a.aspx?id=71490			

中华纸币研究图库收录 1 张。

三、中央银行汕头分行券

民国十七年（1928年）1月初，李济深重新控制广州。为维持中央银行及其纸币的信用，一面派出行长筹备复业，一面于16日成立“中央银行纸币维持委员会”，派叶青为“整理中央银行纸币专员”，要求尽快制定切实的措施，维持中央银行及其纸币的信用。为此，政府当局制定了收缩纸币“银八纸二”办法，于1月27日由省政府通令执行。此后，人们仍然疑虑重重，纸币价格由6成跌至3成。2月10日，中央银行宣布复业，至2月20日，共收入纸币200万元。中央银行于22日召集各行商会代表开会，议决了按月公开封存纸币的办法。6月25日，国税委员公署公布中币现兑办法：将封存的中币，每张加盖“广州总行”4字戳记，实行现兑。6月26日，中央银行发出现兑和兑现办法公告。从7月5日起，将已盖“广州总行”戳印的中央银行纸币，以现兑方式发行。

中央银行汕头分行，每张加盖“中央银行汕头分行”8字圆形戳记，实行现兑。

汕头地名券，亦以传“闻香港有大帮汕头中央银行纸币面额1元、5元运汕，诚恐奸人将前遗失未盖中央英文圆印之纸币，伪造印章，冒充行使”，民国十八年9月4日起，由汕头分行开始发行1元、5元、10元新地名毫洋券，限于9月底止，一律换回旧券。又于民国十九年9月，与北海地名券一同换发新券。

【CC1—1STAa】中央银行民国十二年壹圆汕头分行（甲种）
Central Bank of China.$1.1923.Swatow Subsidiary Bank

中华纸币研究标准编码：CC1—1STAa	S/M：C3C5—1e	PICK：171e
正面图案：孙中山像（绿色）	背面图案：花符（蓝色）	
签名：宋子文　黄隆生	尺寸：76×124mm	收藏星级★★★★
印制单位：美国钞票公司	印制时间：1923 年 6 月	
发行时间：1928 年 7 月 5 日	发行量：待考	
中华纸币研究参考价八成 3,000 元		

中央银行汕头分行将回笼的通用券加盖“中央银行汕头分行”8 字圆形戳记。

【CC1—1STAb】中央银行民国十二年壹圆汕头分行（乙种）
Central Bank of China.$1.1923.Swatow Subsidiary Bank

中华纸币研究标准编码：CC1—1STAb	S/M：C305—1e	PICK：171e
正面图案：孙中山像（绿色）	背面图案：花符（蓝色）	
签名：宋子文　黄隆生	尺寸：76×124mm	收藏星级★★★★
印制单位：美国钞票公司	印制时间：1926 年 3 月	
发行时间：1928 年 7 月 5 日	发行量：待考	
中华纸币研究参考价八成 4,000 元		

C、D 字轨，中央银行汕头分行新券首发。

【CC1—1STBa1】中央银行民国十二年壹圆汕头（汕头分行）无字轨
Central Bank of China.$1.1923.Swatow.Swatow Subsidiary Bank (No Prefix Letters)

中华纸币研究标准编码：CC1—1STBa1	S/M：C305—1e	PICK：171e
正面图案：孙中山像（绿色）	背面图案：花符（蓝色）	
签名：宋子文　黄隆生	尺寸：76×124mm	收藏星级★★
印制单位：美国钞票公司	印制时间：1923 年 6 月	
发行时间：1928 年 7 月 5 日	发行量：待考	
中华纸币研究参考价八成 250 元		
http://www.banknotestudy.com/k/a.aspx?id=59901		

中央银行汕头分行将回笼的汕头毫洋券加盖“中央银行汕头分行”8 字圆形戳记。

【CC1—1STBa2】中央银行民国十二年壹圆汕头（汕头分行）单字轨
Central Bank of China.$1.1923.Swatow.Swatow Subsidiary Bank (A Prefix Letters)

中华纸币研究标准编码：CC1—1STBa2	S/M：C305—1e	PICK：171e
正面图案：孙中山像（绿色）	背面图案：花符（蓝色）	
签名：宋子文　黄隆生	尺寸：76×124mm	收藏星级★
印制单位：美国钞票公司	印制时间：1923 年 6 月	
发行时间：1928 年 7 月 5 日	发行量：待考	
上海 2009 春季拍卖会·钱币杂项 全新 1,008 元		
http://www.banknotestudy.com/k/a.aspx?id=39033		

中央银行民国十二年壹圆汕头（汕头分行）单字轨圆戳复盖(double sealing)

此券为回笼旧券加盖汕头分行章时，将已盖过汕头分行章的纸币混入，再次加盖。此券的出现，证实了回笼券再发行的事实，非常难得。

中央银行民国十二年壹圆汕头（汕头分行）单字轨圆戳倒盖(inversed sealing)

此券为回笼旧券加盖汕头分行章时，纸币被上下颠倒了。此券的出现，证实了中央银行汕头分行将回笼的汕头毫洋券加盖再发行的事实，非常难得。

中央银行民国十二年壹圆汕头涂改券

中央银行民国十二年壹圆汕头涂改券

北海地名伪加

该券号段是汕头加圆戳的号段，底纹被破坏。中央银行北海分行 1927 年 6 月成立时 1926 年 12 月由美国钞票公司印制丙种券（E—G 字轨）已交付。此券为伪改北海地名者。

【CC1—2STBd】中央银行民国十二年伍圆汕头（汕头分行）
Central Bank of China.$5.1923.Swatow.Swatow Subsidiary Bank

中华纸币研究标准编码：CC1—2STBd	S/M：C305—10	PICK：
正面图案：孙中山像（棕色）	背面图案：花符（蓝色）	
签名：宋子文　黄隆生	尺寸：78×145mm	收藏星级★★★★☆
印制单位：美国钞票公司	印制时间：1923年6月	
发行时间：1928年7月5日	发行量：待考	
中国嘉德2009春季拍卖会·丁张弓良收藏中国军用钞票 九成28,000元		
http://www.banknotestudy.com/k/a.aspx?id=56411		

中央银行汕头分行将回笼的汕头毫洋券加盖“中央银行汕头分行”8字圆形戳记。

【CC1—2STBb】中央银行民国十二年伍圆汕头（汕头分行）（丙改签）
Central Bank of China.$5.1923.Swatow.Swatow Subsidiary Bank

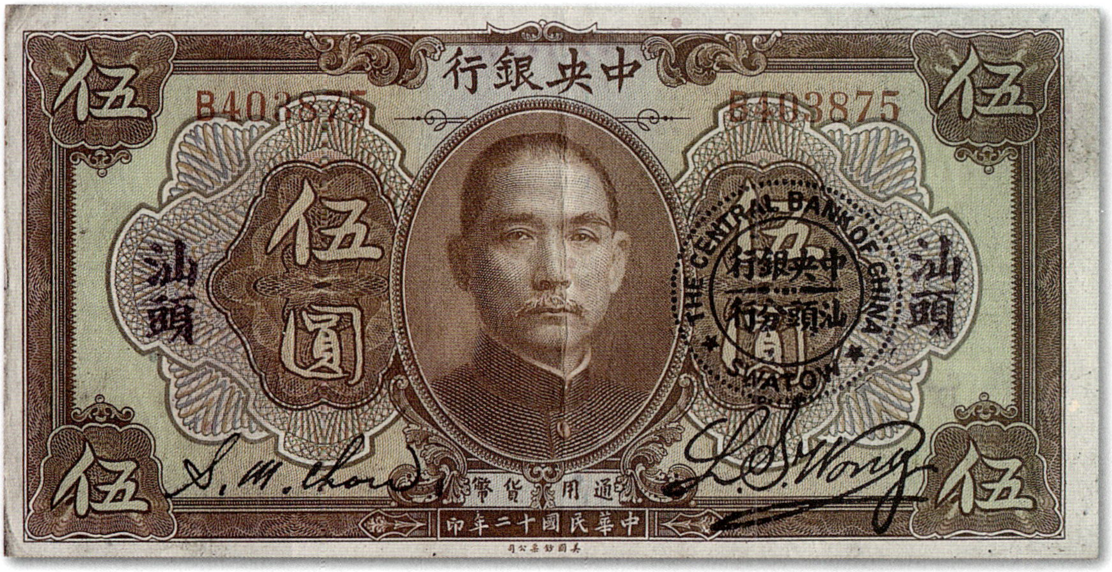

杨展孝先生藏

中华纸币研究标准编码：CC1—2STBb	S/M：C305—10	PICK：
正面图案：孙中山像（棕色）	背面图案：花符（蓝色）	
签名：黄隆生　周斯铭	尺寸：78×145mm	收藏星级★★★★
印制单位：美国钞票公司	印制时间：1926 年 12 月	
发行时间：1928 年 7 月 5 日	发行量：待考	
中国嘉德 2010 春季拍卖会纸钞专场 八成 39,200 元		
http://www.banknotestudy.com/k/a.aspx?id=56412		

B 字轨，中华纸币研究图库收录 2 张。

【CC1—4STB】中央银行民国十二年伍拾圆汕头（汕头分行）

Central Bank of China.$50.1923.Swatow.Swatow Subsidiary Bank

中华纸币研究标准编码：CC1—4STB	S/M：	PICK：178b
正面图案：孙中山像（桔色）	背面图案：花符（蓝色）	
签名：宋子文　黄隆生	尺寸：90mm × 172mm	收藏星级★★★★★
印制单位：美国钞票公司	印制时间：1923年6月	
发行时间：1928年7月5日	发行量：待考	
诚轩2013年春季拍卖会·纸币 八成修补 149,500元		
http://www.banknotestudy.com/k/a.aspx?id=99998		

四、中央银行北海地名券

中央银行北海分行 1927 年 6 月成立，设立支行金库。7 月 1 日由广州总行拨给中山毫 100 万元作基金，并授权北海支行按基金额发行地方钞票。式样与广州总行发行的通用券相同，只加印“北海”字，作为地方流通货币。

序号	编码	名称	属性
1	CC1—1PH	中央银行民国十二年壹圆北海 Central Bank of China.$1.1923.Pakhoi	通用券
2	CC1—2PH	中央银行民国十二年伍圆北海 Central Bank of China.$5.1923.Pakhoi	通用券

【CC1—1PH】中央银行民国十二年壹圆北海
Central Bank of China.$1.1923.Pakhoi

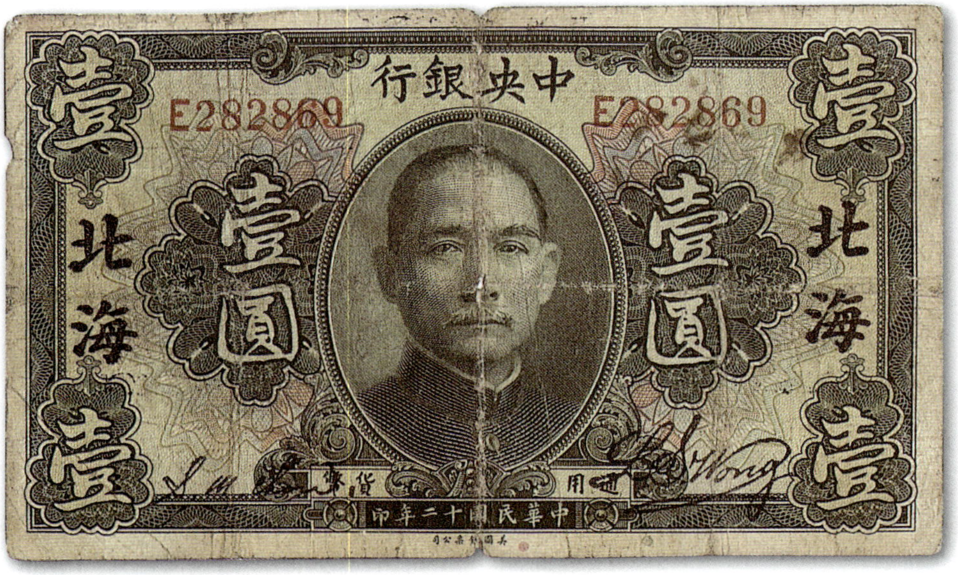

杨展孝先生藏

中华纸币研究标准编码：CC1—1PH	S/M：C305—1d	PICK：
正面图案：孙中山像（绿色）	背面图案：花符（蓝色）	
签名：黄隆生　周斯铭	尺寸：76×124mm	收藏星级★★★★☆
印制单位：美国钞票公司	印制时间：1926 年 12 月	
发行时间：1928 年 3 月 1 日后	发行量：待考	
中华纸币研究参考价八成 60,000 元		

周斯铭 1928 年 3 月 1 日任副行长。

【CC1—2PH】中央银行民国十二年伍圆北海
Central Bank of China.$5.1923.Pakhoi

中华纸币研究标准编码：CC1—2PH	S/M：C305—5e	PICK：173h
正面图案：孙中山像（棕色）	背面图案：花符（蓝色）	
签名：宋子文　黄隆生	尺寸：78mm×145mm	收藏星级★★★★
印制单位：美国钞票公司	印制时间：1926 年 12 月	
发行时间：1927 年 6 月后	发行量：待考	
上海 2013 年江南桂月拍卖会·江南藏韵·中国纸币（二）　九成 63,250 元		
http://www.banknotestudy.ccm/k/a.aspx?id=118921		

B 字轨，中华纸币研究图库收录 3 张。待考。

第三节
广州中央银行发行的国民革命军军用票

一、湘赣桂通用券

民国十五年（1926 年）7 月，奉国民政府革命军总司令部核准发行军用地名券“湘、赣、桂三省通用券”。并颁发布告如下：

一、国民革命军大举北伐，所有出发各路部队，饷需浩繁，汇拨款项全用现银，携带不便，而行军所至湘、赣、桂三省，本行纸币尚未通行。兹为接济饷需，利便携带起见，特由本行呈国民政府、国民革命军总司令部暨财政部核准，发行湘、赣、桂三省中行通用纸币 200 万元，以裕金融。

二、本行发行湘、赣、桂三省通用纸币 200 万元，系将本行原有广东通用纸币加盖中央银行湘、赣、桂三省通用纸币字样戳记，以示区别，暂不另发新币，以昭慎重。

三、本行现发行湘、赣、桂三省通用纸币，额数 200 万元，计分 1 元、5 元、100 元三种。100 元一种仅搭发少数，以占十分之一为度，此外系 1 元、5 元，以便行使。此项纸币，准备充足，信用昭著，湘、赣、桂三省商民对于此项纸币务须一律通用，不得任意低折。

四、湘、赣、桂三省通用纸币，务由本行赶印存储，以备拨发各军粮饷时，按照具领数目，搭发此项纸币，以便携带。

五、本行纸币发行后，须设立兑换机关，以便湘、赣、桂三省商民兑换，惟湘、赣、桂三省，本行尚未设有分行，用特呈请总司令部通令各军所在地，于各该司令部、经理处或军需处，附设纸币兑现机关，并由总司令部酌发现金若干，发交各军司令部专为兑现之需，不得挪作别用。倘遇军司令部迁移，原移驻地方已无兑现机关，并由总司令部通令各知事对于三省中行纸币，准商民纳税完粮，以昭信用。其军部兑现办法，由总司令部另定饬遵。

六、湘、赣、桂三省已通用之本行纸币，有流通到粤省，无论何处人民均可携票到广东中央银行兑现，惟须酌量贴水，以示限制。

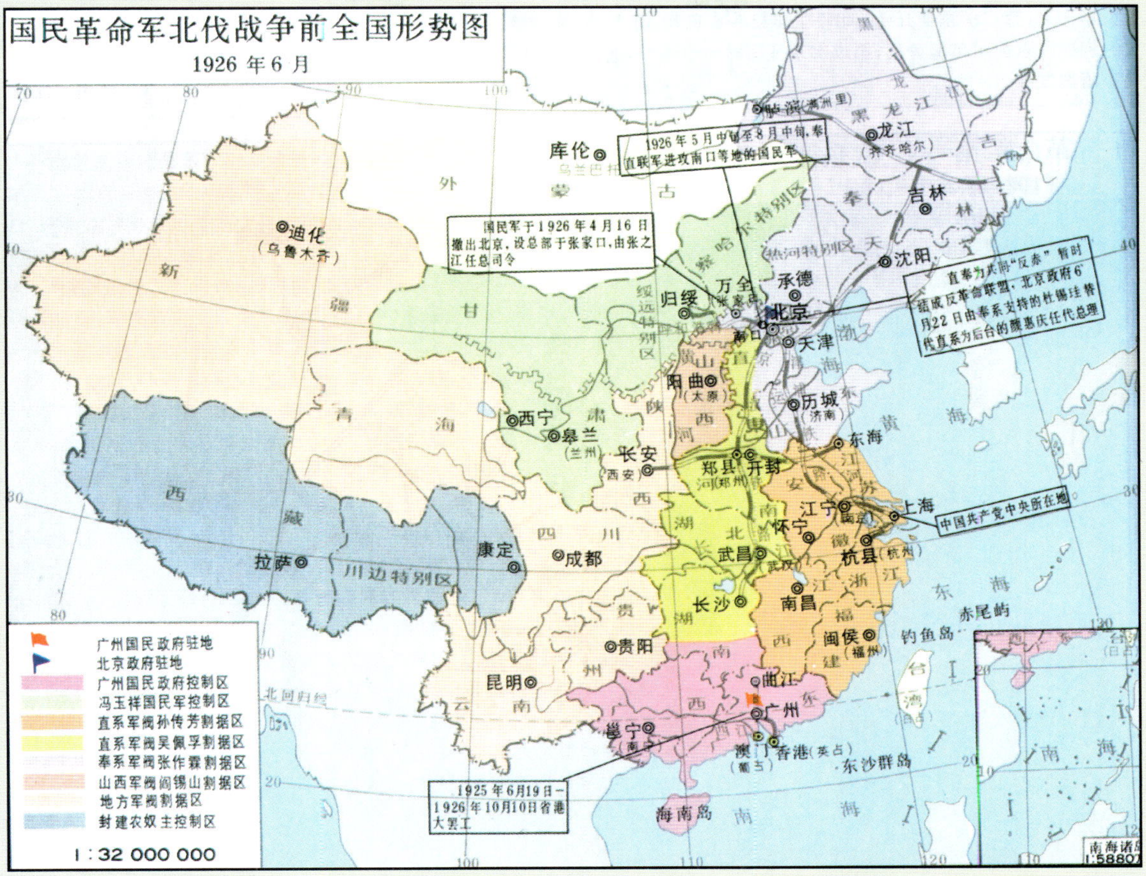

国民革命军北伐战争前全国形势图

1926 年 6 月

引自《中国现代史地图集》，中国地图出版社 1999 年，31 页

七、俟战事结束后，本行即派员赴该三省设立分行，以期扩充营业。

民国十五年 7 月

（区季鸾：《广东纸币史》中编，1935 年 9 月初版，第 7—8 页）

（北伐军总司令部在长沙设立兑换所）……中央纸币开兑。蒋总司令为接济北伐饷糈起见，特准中央银行发行湘、赣、桂三省票币 200 万，业经颁布兑现条例在案，总司令部委任肖荣颐（芸生）为三省中央银行票兑换所所长，设兑换所于理街前储蓄银行旧址，现已布置妥帖，于廿一日开始兑现。兹录其办法于下：（一）每票币一元，换小洋十角；（二）票币二元换大洋一元，小角六角，铜元一百二十文；（三）票币三元，换大洋二元，小洋二角，铜元二百四十文，（四）票币四元，换大洋三元，收进铜元一百二十文；（五）票币五元，换大洋四元，小洋八角，铜元三百六十文。

北京《银行月刊》第 6 卷第 9 号，1926 年 9 月 25 日）

回收兑现情况：由于允许携票到广州中央银行贴水兑现，当时此票没等回收就早已倒流回广州贴水兑现了。未兑现者后于 9 月在长沙设立的兑换所兑现。此券回收彻底。

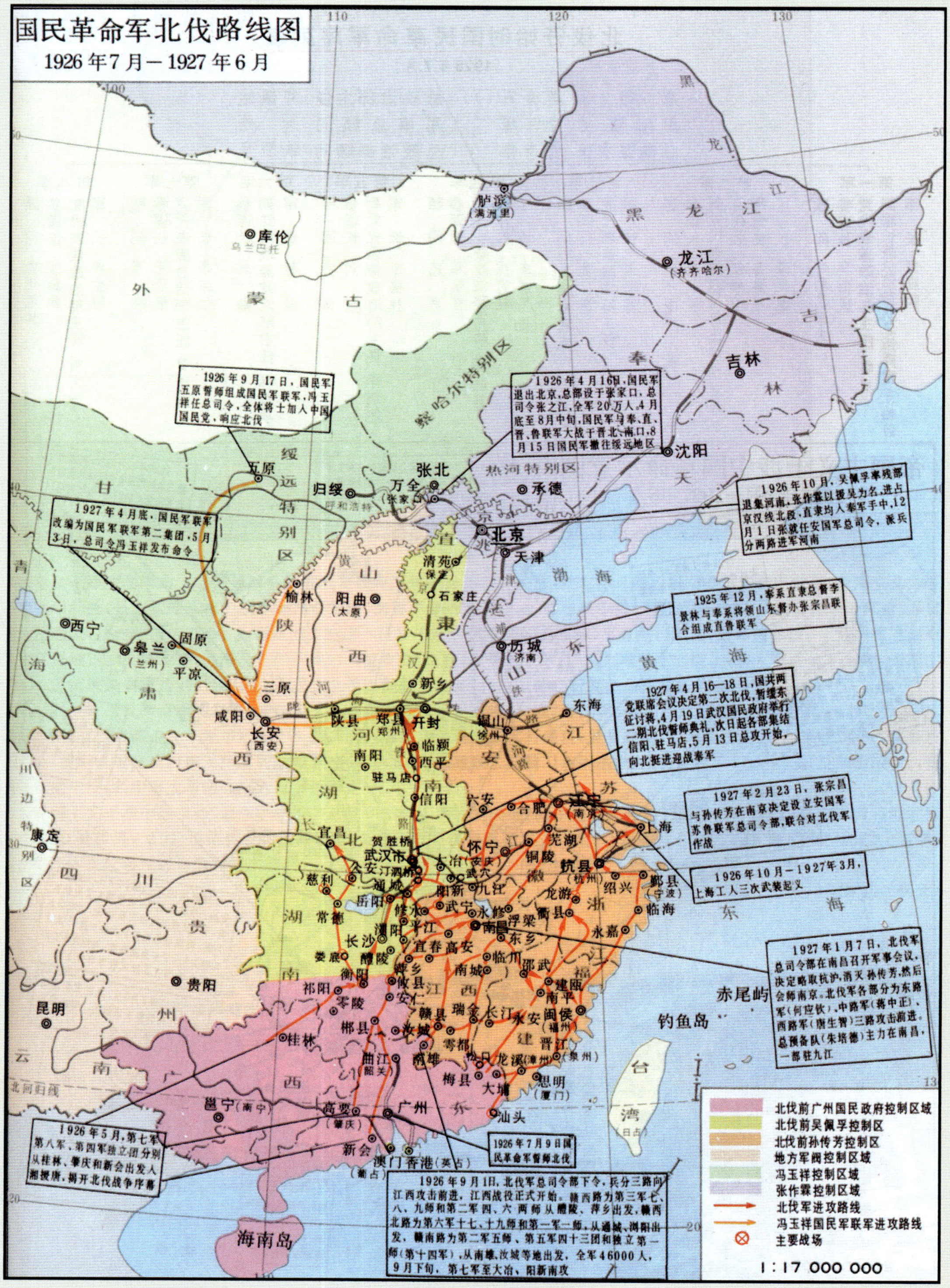

引自《中国现代史地图集》，中国地图出版社 1999 年，32 页

中央银行纸币·壹

序号	编码	名称	属性
1	CC1*—1Aa	中央银行民国十二年壹圆湘赣桂通用券（甲种） Central Bank of China.$1.1923.Hunan、Kiangsi&Kwangsi	甲种
2	CC1*—1Ab	中央银行民国十二年壹圆湘赣桂通用券（乙种） Central Bank of China.$1.1923.Hunan、Kiangsi&Kwangsi	乙种
3	CC1*—2AS	中央银行民国十二年伍圆湘赣桂通用券（流通票作样票） Central Bank of China.$5.1923.Hunan、Kiangsi&Kwangsi.AS.Specimen	流通票作样票
4	CC1*—2Aa	中央银行民国十二年伍圆湘赣桂通用券（甲种） Central Bank of China.$5.1923.Hunan、Kiangsi&Kwangsi	甲种
5	CC1*—2Ab	中央银行民国十二年伍圆湘赣桂通用券（乙种） Central Bank of China.$5.1923.Hunan、Kiangsi&Kwangsi	乙种
6	CC1*—3A	中央银行民国十二年拾圆湘赣桂通用券 Central Bank of China.$10.1923.Hunan、Kiangsi&Kwangsi	通用券
7	CC1*—4A	中央银行民国十二年拾圆湘赣桂通用券 Central Bank of China.$10.1923.Hunan、Kiangsi&Kwangsi	通用券
	CC1*—1	中央银行民国十二年壹圆湘赣桂通用券涂改券 Central Bank of China.$1.1923.(Hunan、Kiangsi&Kwangsi)	涂改券
	CC1*—1	中央银行民国十二年壹圆湘赣桂通用券涂改券 Central Bank of China.$1.1923.(Hunan、Kiangsi&Kwangsi)	涂改券
	CC1*—2	中央银行民国十二年伍圆湘赣桂通用券涂改券 Central Bank of China.$5.1923.(Hunan、Kiangsi&Kwangsi)	涂改券

【CC1*—1Aa】中央银行民国十二年壹圆湘赣桂通用券（甲种）
Central Bank of China.$1.1923.Hunan Kiangsi&Kwangsi

中华纸币研究标准编码：CC1*—1Aa	S/M：C305—1c	PICK：171c
正面图案：孙中山像（绿色）	背面图案：花符（蓝色）	
签名：宋子文　黄隆生	尺寸：76×124mm	收藏星级★★
印制单位：美国钞票公司	印制时间：1923年6月	
发行时间：1926年7月9日	发行量：待考	
北京华夏国拍2010秋季拍卖·黄琦收藏中国军用钞票专场 八成6,496元		
http://www.banknotestudy.com/k/a.aspx?id=61051		

甲种券1923年6月印制250万张（000001—B500000）。发行约3个批次。1926年7月，1、5、100元发行额共计200万元。

【CC1*—1Ab】中央银行民国十二年壹圆湘赣桂通用券（乙种）
Central Bank of China.$1.1923.Hunan Kiangsi&Kwangsi

中华纸币研究标准编码：CC1*—1Ab	S/M：C305—1c	PICK：171c
正面图案：孙中山像（绿色）	背面图案：花符（蓝色）	
签名：宋子文　黄隆生	尺寸：76×124mm	收藏星级★★★
印制单位：美国钞票公司	印制时间：1926 年 3 月	
发行时间：1926 年 7 月 9 日	发行量：待考	
诚轩 2009 年秋季拍卖会 · 纸币 · 馨悟堂藏中国纸币　七成 2,464 元		
http://www.banknotestudy.com/k/a.aspx?id=69538		

乙种券 1926 年 3 月印制 250 万张（B500001—D1000000），B—C 字轨约 2 个批次。

中央银行民国十二年壹圆湘赣桂通用券涂改券
Central Bank of China.$1.1923. (Hunan Kiangsi&Kwangsi)

中华纸币研究标准编码：CC1*—1	S/M：C305—1c	PICK：171c
正面图案：孙中山像（绿色）	背面图案：花符（蓝色）	
签名：宋子文　黄隆生	尺寸：76×124mm	收藏星级趣味品
印制单位：美国钞票公司	印制时间：1923 年 6 月	
发行时间：1926 年 7 月 9 日	发行量：待考	
中国嘉德 2009 春季拍卖会·丁张弓良收藏中国军用钞票 七五成 33,600 元。		
http://www.banknotestudy.com/k/a.aspx?id=70981		

此券为湘赣桂通用券。

中央银行民国十二年壹圆湘赣桂通用券涂改券
Central Bank of China.$1.1923. Hunan Kiangsi&Kwangsi

中华纸币研究标准编码：CC1*—1	S/M：C305—1c	PICK：171c
正面图案：孙中山像（绿色）	背面图案：花符（蓝色）	
签名：宋子文　黄隆生	尺寸：76×124mm	收藏星级趣味品
印制单位：美国钞票公司	印制时间：1923 年 6 月	
发行时间：1926 年 7 月 9 日	发行量：待考	
中国嘉德 2010 秋季拍卖会·纸钞 八成 12,000 元 未成交		
http://www.banknotestudy.com/k/a.aspx?id=61050		

此券为湘赣桂通用券。

【CC1*—2AS】中央银行民国十二年伍圆湘赣桂通用券（流通票作样票）
Central Bank of China.$5.1923.Hunan Kiangsi&Kwangsi.AS.Specimen

中华纸币研究标准编码：CC1*—2AS	S/M：C305—5cS	PICK：173cs
正面图案：孙中山像（棕色）	背面图案：花符（蓝色）	
签名：宋子文　黄隆生	尺寸：78×145mm	收藏星级★★★☆
印制单位：美国钞票公司	印制时间：1923年6月	
发行时间：1926年7月9日	发行量：待考	
上海2013年江南初春拍卖会·中国纸币（二）八成4,025元		
http://www.banknotestudy.com/k/a.aspx?id=95931		

【CC1*—2Aa】中央银行民国十二年伍圆湘赣桂通用券（甲种）
Central Bank of China.$5.1923.Hunan Kiangsi&Kwangsi

中华纸币研究标准编码：CC1*—2Aa	S/M：C305—5c	PICK：173c
正面图案：孙中山像（棕色）	背面图案：花符（蓝色）	
签名：宋子文　黄隆生	尺寸：78×145mm	收藏星级★★★☆
印制单位：美国钞票公司	印制时间：1923年6月	
发行时间：1926年7月9日	发行量：待考	
北京华夏国拍2010秋季拍卖·黄琦收藏中国军用钞票专场 八成16,800元		
http://www.banknotestudy.com/k/a.aspx?id=56422		

甲种A160000—A500000。

【CC1*—2Ab】中央银行民国十二年伍圆湘赣桂通用券（乙种）

Central Bank of China.$5.1923.Hunan Kiangsi&Kwangsi

中华纸币研究标准编码：CC1*—2Ab	S/M：C305—5c	PICK：173c
正面图案：孙中山像（棕色）	背面图案：花符（蓝色）	
签名：宋子文　黄隆生	尺寸：78×145mm	收藏星级★★★☆
印制单位：美国钞票公司	印制时间：1926年3月	
发行时间：1926年7月9日	发行量：待考	
中国嘉德2009春季拍卖会·丁张弓良收藏中国军用钞票 八成5,824元		
http://www.banknotestudy.com/k/a.aspx?id=70915		

乙种 A700001—A100000。

中央银行民国十二年伍圆湘赣桂通用券涂改券

Central Bank of China.$5.1923. Hunan Kiangsi&Kwangsi

中华纸币研究标准编码：CC1*—2	S/M：C305—5c	PICK：173c
正面图案：孙中山像（棕色）	背面图案：花符（蓝色）	
签名：宋子文　黄隆生	尺寸：78×145mm	收藏星级趣味品
印制单位：美国钞票公司	印制时间：1923 年 6 月	
发行时间：1926 年 7 月 9 日	发行量：待考	
中国嘉德 2009 春季拍卖会 · 丁张弓良收藏中国军用钞票 七五成 24,640 元		
http://www.banknotestudy.com/k/a.aspx?id=95929		

此券为伪盖。

【CC1*—3A】中央银行民国十二年拾圆湘赣桂通用券涂改券

Central Bank of China.$10.1923. Hunan Kiangsi&Kwangsi

中华纸币研究标准编码：CC1*—3A	S/M：	PICK：177c
正面图案：孙中山像（绿色）	背面图案：花符（蓝色）	
签名：宋子文　黄隆生	尺寸：83×160mm	收藏星级★★★★☆
印制单位：美国钞票公司	印制时间：1926 年 3 月	
发行时间：待考	发行量：待考	
中国嘉德 2010 春季拍卖会纸钞专场 七五成 76，160 元		
http：//www.banknotestudy.com/k/a.aspx?id=7334		

湘赣桂通用券 10 元在鄂湘赣通用券之后发行，只有乙种券。中华纸币研究图库收录 5 张。

【CC1*—4A】中央银行民国十二年拾圆湘赣桂通用券涂改券
Central Bank of China.$10.1923. Hunan Kiangsi&Kwangsi

此券为湘赣桂通用券。因湘赣桂通用券有军用票性质，发行之初无准备金，大额券多被涂改当通用券兑现。北伐胜利后，湘赣桂通用券可兑现，也被官方认可继续流通。这种被涂改过的10元湘赣桂通用券更为罕见。

【CC1*—4A】中央银行民国十二年壹百圆湘赣桂通用券
Central Bank of China.$100.1923.Hunan Kiangsi&Kwangsi

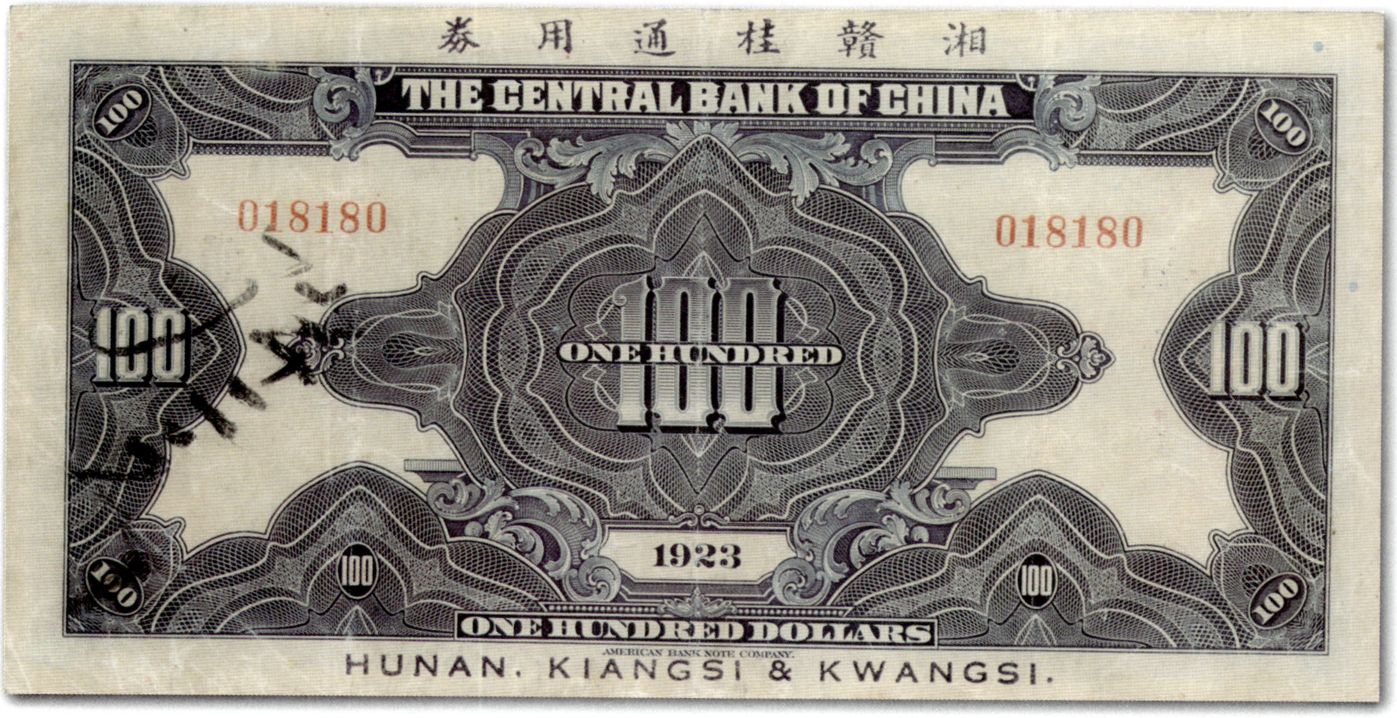

中华纸币研究标准编码：CC1*—4A	S/M：C305—17b	PICK：179b
正面图案：孙中山像（橄榄色）	背面图案：花符（蓝色）	
签名：宋子文　黄隆生	尺寸：95×182mm	收藏星级★★★★☆
印制单位：美国钞票公司	印制时间：1923 年 6 月	
发行时间：1926 年 7 月 9 日	发行量：待考	
中国嘉德 2012 秋季邮品钱币拍卖会·纸钞 八成 172500 元。		
http://www.banknotestudy.com/k/a.aspx?id=89969		

【CC1*—4A】中央银行民国十二年壹百圆湘赣桂通用券“涂改版”
Central Bank of China.$100.1923.Hunan Kiangsi&Kwangsi

杨展孝先生藏品

中央银行民国十二年壹百元第一版的印制量为 25000 张。此券号码涂改，该券涂改部分较多。根据签名和号码分析为湘赣桂通用券。

二、鄂湘赣三省通用大洋券

湘赣桂及鄂湘赣两种地名券相继发行，数额为600万元，属军事用票性质，商民可持券兑现，亦可用以完粮纳税，发行后不久，中央银行即全数收回。

1926年9月20日蒋给宋电[电曰：广州。宋部长勋鉴：(子密)本日抵萍乡，明日即向袁州南昌前进。经济困难已极，大洋票及公债券何不整数寄来，必欲如此零星分寄，致不能有计划之使用，且失信用，岂兄至今犹未能深信，而必欲如此迟延耶？如何？盼复。中正。号。]从上次9月12日电文要大洋票到20日已收到少量大洋票和公债券，我们可得知“中央银行鄂湘赣三省通用大洋券”是在9月中旬发行的，暂没见有布告与兑现条例，此券除了加盖通心字外，与原中央银行通用券所不同的是用中文签名。9月30日蒋给国民党中央常委代主席张静江、广州国民政府主席谭延闿发电[电曰：广州。张谭二主席钧鉴：并转宋部长勋鉴：十月份饷，尚未汇到，在鄂各军，或可设法，而在赣之一、二、三、六、十四各军，分文无着。今日总部只存万元，而前方催发伙食急如星火，窘迫至此，无以为计，中正惟有引咎自裁， 以谢将士而已！如何？盼复。中正。陷。]北伐战争，原先计划为4个月，北伐经费的筹措，亦以4个月为限。这时由于战事超过了原来的计划，缺少军费的问题已显现出来，10月10日攻克了武昌，有税收和武汉的官产作保证。宋子文这时惟有冒着中央银行信用崩溃的危险，在准备金不足的情况下加大了鄂湘赣三省通用大洋券的发行。

回收兑现情况：1927年1月20日中央银行汉口分行开办，开办当日中央银行汉口分行即发出通告，凡票面有鄂湘赣三省通用字样者，均可向约定的15家银行及2家钱庄无限制兑现。后又停止兑现。1929年1月20日南京政府财政部布告：自是日起持券人按票面大洋数目，十足兑换十七年金融长期公债截至7月20日止。财政部计自4月23日起至10月20日止，共收回中行汉钞及湘鄂赣三省通用大洋券票面洋3,852,770元，换出公债票额洋3,852,770元。此券回收彻底。民国十八年民国政府财政部委托江苏银行十足回兑。

序号	编码	名称	属性
1	CC1*—1B	中央银行民国十二年壹圆鄂湘赣三省通用大洋券 Central Bank of China.$1.1923.Hupen、Hunan&Kiangsi	大洋券
2	CC1*—2BS	中央银行民国十二年伍圆鄂湘赣三省通用大洋券（样票）Central Bank of China.$5.1923.Hupen、Hunan&Kiangsi.Specimen	样票
3	CC1*—2B	中央银行民国十二年伍圆鄂湘赣三省通用大洋券 Central Bank of China.$5.1923.Hupen、Hunan&Kiangsi	大洋券
4	CC1*—3B	中央银行民国十二年拾圆鄂湘赣三省通用大洋券 Central Bank of China.$10.1923.Hupen、Hunan&Kiangsi	大洋券

【CC1*—1B】中央银行民国十二年壹圆鄂湘赣三省通用大洋券
Central Bank of China.$1.1923.Hupen Hunan&Kiangsi

中华纸币研究标准编码：CC1*—1B	S/M：	PICK：171g
正面图案：孙中山像（绿色）	背面图案：花符（蓝色）	
签名：行长宋子文	尺寸：76×124mm	收藏星级★★★☆
印制单位：美国钞票公司	印制时间：1926 年 3 月	
发行时间：1926 年 8 月 24 日	发行量：20 万张	
中国嘉德 2011 秋季邮品钱币铜镜拍卖会 · 王士平收藏纸钞 八成 8,970 元		
http://www.banknotestudy.com/k/a.aspx?id=72938		

B 字（590001—775000），1—10 元共计 200 万元。

【CC1*—2BS】中央银行民国十二年伍圆鄂湘赣三省通用大洋券（样票）
Central Bank of China.$5.1923.Hupen Hunan&Kiangsi.Specimen

中华纸币研究标准编码：CC1*—2BS	S/M：C305—5dS	PICK：173es
正面图案：孙中山像（棕色）	背面图案：花符（蓝色）	
签名：行长宋子文	尺寸：78×147mm	收藏星级★★★★
印制单位：美国钞票公司	印制时间：1926年3月	
发行时间：1926年8月24日	发行量：待考	
诚轩2010年春季拍卖会·纸币 八成 6,720元		
http://www.banknotestudy.com/k/a.aspx?id=71829		

【CC1*—2B】中央银行民国十二年伍圆鄂湘赣三省通用大洋券
Central Bank of China.$5.1923.Hupen Hunan&Kiangsi

中华纸币研究标准编码：CC1*—2B	S/M：C305—5d	PICK：173e
正面图案：孙中山像（棕色）	背面图案：花符（蓝色）	
签名：行长宋子文	尺寸：78×147mm	收藏星级★★★★
印制单位：美国钞票公司	印制时间：1926 年 3 月	
发行时间：1926 年 8 月 24 日	发行量：12 万张	
上海 2013 年江南桂月拍卖会 · 江南藏韵 · 中国纸币（二）八成 25，300 元		
http：//www.banknotestudy.com/k/a.aspx?id=118922		

A575001—A700000，1—10 元共计 200 万元。

【CC1*—3B】中央银行民国十二年拾圆鄂湘赣三省通用大洋券

Central Bank of China.$10.1923.Hupen Hunan&Kiangsi

桂林先生藏

中华纸币研究标准编码：CC1*—3B	S/M：C305—15a	PICK：177a
正面图案：孙中山像（绿色）	背面图案：花符（蓝色）	
签名：行长宋子文	尺寸：83×160mm	收藏星级★★★★☆
印制单位：美国钞票公司	印制时间：1926 年 3 月	
发行时间：1926 年 8 月 24 日	发行量：12 万张	
上海 2013 年江南初春拍卖会·中国纸币（二） 八成 26,450 元		
http://www.banknotestudy.com/k/a.aspx?id=95933		

1—10（600001—720000），元共计 200 万元。

三、国民革命军总司令行营中央银行临时兑换券

民国十五年（1926 年）7 月 9 日，国民革命军誓师北伐。1926 年 7 月 27 日，蒋介石离开广州。8 月 11 日晚，蒋介石进入长沙后，发现湖南的政治、军事已由唐生智所掌握。8 月 12 日，蒋介石召开军事会议，8 月 14 日，中正呈请国民政府准由总司令部政务局发行中央银行兑换券五百万元。

呈曰：……窃计军事进行，不日即可达到武汉，局面既已扩大，所有军饷专恃广州运输接济，实多困难。除电呈钧府及财政部从速准备设立中央银行分行外，兹为维持目的起见，拟准职部财政委员会议决，由财政部委托总司令部政务局，发行中央银行兑换券三百万元。即以武汉所募集之军饷三百万元，并湖北官钱局不动产二千一百万元作为基金，名义虽属中央银行，实际仍归地方兑换。一俟局势粗定，中央银行在湘鄂各处设立分行，再发行正式票币，陆续将原券收回，如此则军事有益，而与国家银行发行票币之权，亦无抵触，并拟定发行条例一份，随文赉呈。事属权宜，伏乞鉴核，准予备案施行，谨呈国民政府。附呈发行中央银行临时兑换券条例一份，国民革命军总司令蒋中正。

宋子文筹措巨额的军费、发行公债和发放军饷是有一定计划比例的，纸币滥发会引发通货膨胀，不仅会影响中央银行的信用，还会影响国民政府的稳定，宋对于蒋的要求予以拒绝。

中央银行临时兑换券是国民革命军总司令部假中央银行之名发行的军用票。

中央银行临时兑换券委托长沙湘鄂印刷公司印制，为 1 元、5 元和 10 元三等面额，共计 300 万元。背面印有国民革命军总司令部的训令：

兹制定发行中央银行临时兑换券条例公布之，此令。

第一条 中央银行于湘赣各省分行未成立以前，由国民革命军总司令，呈准国民政府委托总司令部政务局及金库，发行中央银行临时兑换券，以资流通。

第二条 券额为大洋 500 万元，准备十足，随时兑现。

第三条 本券面额为大洋 1 元、5 元、10 元三种，在国民政府管辖地域内，择交通便利地点分设兑换所。

第四条 本券自发行之日起，限六个月成立中央银行湘鄂分行，即由银行将本券随时收回。

第五条 本券在国民政府管辖地区内各项赋税及各种交易一律通用。

第六条 本券盖国民革命军总司令印信及政务局金库长章，以昭信用。

第七条 本券如有伪造，以军法从事。

第八条 本条例自国民革命军总司令部公布之日起施行。

蒋中正、陈公博

中华民国十五年八月二十六日

1926年10月4日蒋下达进攻南昌的命令，10月6日电复长沙总部军需处长朱芾卅日函七事。[电曰，长沙，朱处长大鉴：三十日函悉。复如下：……（二）大洋票币印就五百万元，全数解来江西，不必分解湖北，以宋部长尚未承认在汉使用，必多受其反对之影响。至长沙可挪用中央正币，亦不可留月此兑换券也。……中正。鱼] 10月12日围攻南昌城失败，10月14日电复兵站总监部长俞飞鹏请示[电曰：……（三）贺师已搭发之大洋票，不必收回。……中正手批。寒]从以上两份报文看，可认为蒋在因缺饷而“惟有引咎自裁”的紧迫情况下，从长沙调来印好的大洋票准备攻进南昌后，在有税收和官产的保证下发行此券（在临时兑换券与军需券中选其一），后没攻进南昌，原准备让俞飞鹏收回搭发进城用的兑换券，后也不收回了。1927年1月18日武汉国民政府财政部通告：一、鄂、湘、赣三省通用之大洋券，中央银行汉口分行开幕后，一律兑现；二、鄂、湘、赣三省毫洋券，俟筹设三省分行后，再行收兑；三、总部发行之临时兑换券，另行收兑。并令各地税所只准用中央银行加汉口新票和鄂湘赣三省通用大洋券交纳税收。

随战事推进，大量的中央临时兑换券又继续发行于浙江、上海、江苏。1927年5月宁汉分裂后，蒋介石命令江苏省财政厅，以汉口中央银行既已停止兑现其发行的纸币，应即一律停用，对“中央临时兑换券”亦予停止流通。

此券现见1、5、10元。均为红号码，一元券还见有蓝号码。这本已说明除了原印的五百万元外，还再次印刷过，实际发行额不详。回收兑现情况：此券流散于江西、湖南、浙江、江苏四省。1元和5元发现有大量的假票。

中央银行临时兑换券伍圆真假券印章对比

（真）

（伪）

五元伪券正面金库库长内，金字上面一横平写，与真券篆文之向上弯曲者迥异。

序号	编码	名称	属性
1	CC1*—18A	中央银行临时兑换券民国十五年壹圆 Central Bank of China.Provisional Banknotes.$1.1926 (Commander in Chief of the National Revolutionary Army)	红号码
2	CC1*—18B	中央银行临时兑换券民国十五年壹圆 Central Bank of China.Provisional Banknotes.$1.1926 (Commander in Chief of the National Revolutionary Army)	蓝号码
3	CC1*—19	中央银行临时兑换券民国十五年伍圆 Central Bank of China.Provisional Banknotes.$5.1926 (Commander in Chief of the National Revolutionary Army)	通用券
4	CC1*—19C	中央银行临时兑换券民国十五年伍圆 Central Bank of China.Provisional Banknotes.$5.1926 (Commander in Chief of the National Revolutionary Army) Counter Feit	伪券
5	CC1*—20	中央银行临时兑换券民国十五年拾圆 Central Bank of China.Provisional Banknotes.$10.1926 (Commander in Chief of the National Revolutionary Army)	通用券

【CC1*—18A】中央银行临时兑换券民国十五年壹圆（红号码）

Central Bank of China.Provisional banknotes.$1.1926

(Commander in Chief of the National Revolutionary Army)

中华纸币研究标准编码：CC1*—18A	S/M：C305—21a	PICK：185a
正面图案：帆船 & 轮船（棕色）	背面图案：告白（蓝色）	
签名：蒋中正　陈公博	尺寸：77 × 132mm	收藏星级★★★
印制单位：长沙湘鄂印刷公司	印制时间：1926 年	
发行时间：1926 年 8 月 26 日	发行量：待考	
上海 2010 秋季拍卖会 · 江南藏韵 · 柏文纸币　九五成 6,325 元		
http://www.banknotestudy.com/k/a.aspx?id=12559		

A—C 字轨，N 字轨。

【CC1*—18B】中央银行临时兑换券民国十五年壹圆（蓝号码）

Central Bank of China.Provisional Banknotes.$1.1926
(Commander in Chief of the National Revolutionary Army)

中华纸币研究标准编码：CC1*—18B	S/M：C305—21b	PICK：185b
正面图案：帆船 & 轮船（棕色）	背面图案：告白（蓝色）	
签名：蒋中正　陈公博	尺寸：77×132mm	收藏星级★★★
印制单位：长沙湘鄂印刷公司	印制时间：1926 年	
发行时间：待考	发行量：待考	
上海 2012 年 9 月拍卖会·江南藏韵 九成 7,475 元		
http://www.banknotestudy.com/k/a.aspx?id=68084		

A—C 字轨。

【CC1*—19】中央银行临时兑换券民国十五年伍圆圆

Central Bank of China.Provisional Banknotes.$5.1926

(Commander in Chief of the National Revolutionary Army)

中华纸币研究标准编码：CC1*—19	S/M：C305—23	PICK：186a
正面图案：亭（绿色）	背面图案：告白（绿色）	
签名：蒋中正　陈公博	尺寸：83×153mm	收藏星级★★★☆
印制单位：长沙湘鄂印刷公司	印制时间：1926 年	
发行时间：1926 年 8 月 26 日	发行量：待考	
中国嘉德 2011 秋季邮品钱币铜镜拍卖会·王士平收藏·纸钞　八成 9，200 元		
http://www.banknotestudy.ccm/k/a.aspx?id=47304		

A、B 字轨。

【CC1*—19F】中央银行临时兑换券民国十五年伍圆（伪券）

Central Bank of China.Provisional Banknotes.$5.1926
(Commander in Chief of the National Revolutionary Army)

中华纸币研究标准编码：CC1*—19C	S/M：C305—23	PICK：186a
诚轩 2011 年春季拍卖会·纸币成交价 九五成 23,000 元		
http://www.banknotestudy.com/k/a.aspx?id=25153		

俞飞鹏关于破获伪造中央银行临时兑换券机关呈（1927 年 2 月 22 日） 呈为呈明事；案查职会前因高安县属破获伪造中央银行临时兑换券机关，嗣于南昌市面又复发现伪造一元、五元临时兑换券甚多。迭经文电呈报钧部在案。查南昌市面近来发现之一元、五元伪券花纹精致，字迹清明，忽邃颇为难辨认。其不同之点，即一元伪券背面总司令行营朱印内，篆文命令二字中间无一小直，真券则均有之。五元伪券正面金库库长内，金字上层一横系属平写，与真券篆文之向上湾〔弯〕曲者迥异。至正面号码不论一元、五元多有重复，券经检查明晰。除咨行南昌公安局设法查究外，理合检同一元、五元伪券各一张备文呈请钧部俯赐察核，并乞迅将该项临时兑换券悉数收回以利金融，实为公便。

谨呈国民政府财政部长宋

江西财政委员会主任俞飞鹏

【CC1*—20】中央银行临时兑换券民国十五年拾圆

Central Bank of China.Provisional Banknotes.$10.1926

(Commander in Chief of the National Revolutionary Army)

中华纸币研究标准编码：CC1*—20	S/M：C305—25	PICK：187a
正面图案：轮船（棕色）	背面图案：告白（紫色）	
签名：蒋中正　陈公博	尺寸：88×173mm	收藏星级★★★★
印制单位：长沙湘鄂印刷公司	印制时间：1926年	
发行时间：1926年8月26日	发行量：待考	
中国嘉德2009秋季拍卖会·名家集钞 七五成 10,080元		
http://www.banknotestudy.com/k/a.aspx?id=77708		

D字轨。

第三章

汉口中央银行发行的纸币

第一节
中央银行（江西分行代理发行江西银行）“集中现金”券

民国十五年（1926年）11月11日，广州国民政府决定北迁武汉。民国十六年（1927年）1月3日，南昌国民党中央政治会议议决，中央党部驻南昌。4月17日，在南京的国民党中央执行委员胡汉民、蒋介石、柏文蔚等及部分监察委员宣布在南京组国民政府，以胡汉民为主席，宁汉分裂。

武汉方面，近组织战时经济委员会，以汪兆铭、谭延闿、宋子文、孙科、苏兆征为委员。17日下午，在党部开会，并召集各工会代表二百余人到会，说明组织此会用意。是日除宋子文在沪未到外，汪、谭、孙、苏皆列席。首由汪兆铭报告，国民革命现已至极严重时期，帝国主义者拟以经济封锁政策制我，吾人应先设法制止。其制止方法，即须将现款存放银行，作为准备金，维持纸币信用，使在市面流通，庶敌人无所用其伎俩。欧战时代，西欧各国亦采用此方法。如武汉人民能照此做去，将所用现金存入银行，打破经济封锁政策，则北伐计划可以实现。关于此种计划，本已早定，但恐人民不知政府用意，故今日可以说明，希望各界拥护政府，注意后方安定云云。次谭、孙、苏皆相继说明旨趣，至四时许散会。是日即下令禁止现金出口，并颁布《集中现金条例》七条如下：

第一条　国民政府为维护金融、集中现金起见，特颁本条例，无论何人，均应遵守。

第二条　凡完纳国税流通市面，均以中央银行所发汉口通用纸币，及中国银行、交通银行所发之汉口通用钞票为限。

第三条　凡持有现币或其他商业银行纸币者，得向中央、中国、交通银行及各银行邮局，随时兑换中央、中国、交通三银行纸币。

第四条　凡收付银两，均用纸币，每元法定七钱一分，不得自由增减。

第五条　非经财政部允许，绝对禁止现洋现银出口。

第六条　凡拒收中央、中国、交通三银行纸币，或收买现币或抑勒纸币价格，或抬高物品市价及其他违反本条例之行为，经人民告发，查明确实者，按律严办。

第七条　本条例自公告日施行。

此令颁发后，钞票价格顿落，铜元现洋价值突涨，预料此后硬货逐渐减少，货物日益昂贵矣。

（《银行周报》第 11 卷 15 号，1927 年 4 月 26 日）

1926 年 11 月 8 日攻克南昌后，蒋用废江钞来推行中央银行临时兑换券。11 月 15 日，国民革命军总司令部颁布命令：停兑公债，原新发“复、兴、隆”钞票一律作废，旧钞则按二折、铜元票按五折使用，由南昌中央银行以中央银行临时兑换券负责收兑，限一周内收回销毁。由此引发了江西有名的江钞风潮，造成当时江西社会经济生活的空前动荡，金融业蒙受空前之打击。银行、钱庄现金损失殆尽，商店倒闭，贫民无力购买米盐。被讥为“复、兴、隆，一夜穷”。

国民革命军第三军军长朱培德以江西省政府主席名义，于 1927 年 5 月 6 日报请财政部在赣设立分行，支持武汉政府，实行“集中现金”。借用江西银行纸币，加盖“中央银行江西分行代理发行”和“集中现金”，利用中央银行的声誉，发行原江西银行加盖“集中现金”字样券（防外省的临时兑换券流入），在当地发行。至 9 月 22 日，宁汉合流，武汉国民政府瓦解，《集中现金条例》取消。1927 年秋江西省筹设江西裕民银行又用江西整理金融库券以 2 折收回江西“集中现金”券。

江西银行“集中现金”券有 1 元、5 元、10 元三种面值。有加盖“中央银行江西分行代理发行”黑印、“中央银行江西分行代理发行”蓝盖印。未加盖“中央银行江西分行代理发行”的属于江西银行发行省钞。

序号	编码	名称	属性
1	CC2*—6a	中央银行江西分行代理发行江西银行集中现金壹圆 (Central Bank of China)Bank of KiangSi (amassing cash) .1 Yuan	黑章集中现金
2	CC2*—6b	中央银行江西分行代理发行江西银行集中现金壹圆 (Central Bank of China)Bank of KiangSi (amassing cash) .1 Yuan	蓝章集中现金
3	CC2*—7b	中央银行江西分行代理发行江西银行集中现金五圆	蓝章集中现金
4	CC2*—8a	中央银行江西分行代理发行江西银行集中现金拾圆 (Central Bank of China)Bank of KiangSi (amassing cash).10 Yuan	黑章集中现金
5	CC2*—8b	中央银行江西分行代理发行江西银行集中现金拾圆 (Central Bank of China)Bank of KiangSi (amassing cash).10 Yuan	蓝章集中现金

【CC2*—6a】中央银行江西分行代理发行江西银集中现金壹圆
(Central Bank of China)Bank of KiangSi (amassing cash).1Yuan

中华纸币研究标准编码：CC2*—6a	S/M：C305—20	PICK：S1097
正面图案：青云谱道院（桔色）	背面图案：花符（棕色）	
签名： 待考	尺寸：84×136mm	收藏星级★★☆
印制单位：武汉印书馆	印制时间：1927	
发行时间：1927年5月6日	发行量：约100万张	
北京华夏国拍2010秋季拍卖·黄琦收藏中国军用钞票专场 八五成4,480元		
http://www.banknotestudy.com/k/a.aspx?id=78041		

【CC2*—6b】中央银行江西分行代理发行江西银行集中现金壹圆

(Central Bank of China)Bank of KiangSi (amassing cash) .1 Yuan

中华纸币研究标准编码：CC2*—6b	S/M：C305—20	PICK：S1097
正面图案：青云谱道院（桔色）	背面图案：花符（棕色）	
签名：　待考	尺寸：84×136mm	收藏星级★★☆
印制单位：武汉印书馆	印制时间：1927	
发行时间：1927年5月6日	发行量：约30万张	
鲍尔斯 The August 2011 Hong Kong Auction 八五成 4,587 元		
http://www.banknotestudy.com/k/a.aspx?id=37305		

【CC2*—7b】中央银行江西分行代理发行江西银行集中现金伍圆

(Central Bank of China)Bank of KiangSi (amassing cash).5 Yuan

中华纸币研究标准编码：CC2*—7b		S/M：	PICK：
正面图案：待考		背面图案：东西半球（蓝色）	
签名：待考	尺寸：90×178mm	收藏星级★★★★	
印制单位：武汉印书馆		印制时间：1927	
发行时间：1927年5月6日		发行量：约2万张	
诚轩2007年秋季拍卖会·钱币（二）八成14,560元			
http://www.banknotestudy.com/k/a.aspx?id=3956			

【CC2*—8a】中央银行江西分行代理发行江西银行集中现金拾圆
(Central Bank of China)Bank of KiangSi (amassing cash).10 Yuan

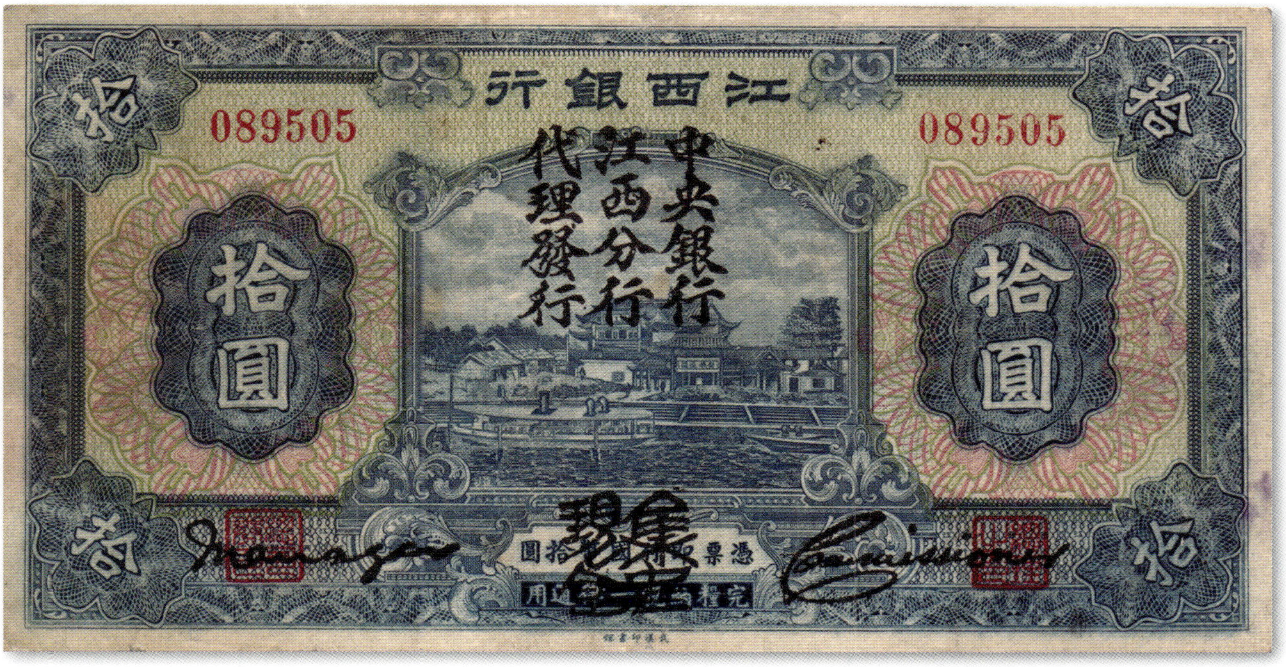

中华纸币研究标准编码：CC2*—8a		S/M：	PICK：
正面图案：南昌滕王阁（蓝色）		背面图案：亭（绿色）	
签名：待考	尺寸：88×168mm	收藏星级★★★★☆	
印制单位：武汉印书馆		印制时间：1927	
发行时间：1927年5月6日		发行量：约2万张	
北京华夏国拍2010秋季拍卖黄琦收藏中国军用钞票专场 八成8,960元			
http://www.banknotestudy.com/k/a.aspx?id=78042			

【CC2*—8b】中央银行江西分行代理发行江西银行集中现金拾圆
(Central Bank of China)Bank of KiangSi (amassing cash).10 Yuan

中华纸币研究标准编码：CC2*—8b	S/M：	PICK：
正面图案：南昌滕王阁（蓝色）	背面图案：亭（绿色）	
签名：待考	尺寸：88×168mm	收藏星级★★★★☆
印制单位：武汉印书馆	印制时间：1927	
发行时间：1927 年 5 月 6 日	发行量：约 2 万张	
北京华夏国拍 2010 春季拍卖黄琦收藏中国军用钞票专场 八成 8,736 元		
http://www.banknotestudy.com/k/a.aspx?id=77144		

第二节
汉口中央银行通用大洋货币券

1926年10月，北伐军占领武昌，国民革命重心由珠江流域转移到长江流域。同年12月，一批国民党中央执行委员和国民政府委员到汉。为了不致使中央党部和国民政府权力中断，到汉的委员成立“国民党中央执行委员、国民政府委员临时联席会议”，行使中央最高职权，办公地址先设于武昌总司令部行营，后选定南洋大楼。联席会议的成立，标志国民政府由广州迁都武汉。以武昌、汉口、汉阳三域为一大区域作为“京兆区”，定名武汉。又组织管理京兆区委员会，以财政、外交、交通等部长，汉口、武昌二市市长以及防军司令等九人为委员，管理京兆区。武汉国民政府1927年2月21日，正式办公。武汉国民政府不设主席，以汪精卫、谭延闿、孙科、徐谦、宋子文五人为常务委员。其运作至“宁汉合流”后解散。

> 汉口中央银行于1927年1月20日（阴历十七日）正式开幕，行长宋子文。是武汉国民政府（1927年2月21日—1927年8月19日）的中央银行。同时发行一元、五元、十元、五十元、一百元兑换券五种，印有汉口字样，凡征税、交通各机关一律通用，准备充足。除在该行随时兑换外，并约本市各银行及钱庄代兑。计代兑处有交通、中国、浙江兴业、聚兴诚、金城、上海、四明、中南、浙江实业、中华懋业、华丰、农商、广东、中国实业银行及德和、益丰二钱庄。
>
> 《汉口银行杂志》第四卷第七号，1927年2月1日）1927年4月17日

武汉政府颁布现金集中条例，禁止现洋现银出境，封存现洋约400万元。凡缴纳国税及流通市面，均以中央银行（广州）及中、交两行发行之汉口通用纸币为限。28日国民革命军总司令部电令，凡印有汉口字样之中、交两行钞票，不得向他省两行任意迫令兑现。

国民政府的财政基础，原甚不健全，北伐后，军费逐日膨胀，一味以发行纸币为挹注的手段。湘、赣作战期中，先后在粤发行有奖公债三次，总额1700万元，此外惟靠纸

币维持其庞大的军事开支。中央银行临时兑换券、中央银行辅币券、小洋改作大洋券等，随军发出，散布于作战区域。当湘、赣作战期中，当局以武汉为华中要镇，取得武汉之后，当可以解决一部分的财政问题。及占领武汉，始悉武汉的金融市场，已为官钱局票所破坏，事实上已属无款可筹，于是更不得不大规模继续发行纸币以充军用的政策，然金融和财政，原为一问题的两方面，武汉市面既凋敝不堪，且武昌围城竟月，商务停顿，不论钞票或公债，事实上均无从发行，故解决财政问题，关键仍在于金融的整理，是以有整理湖北金融和财政两公债的筹备会议发行。此时武汉财政金融上的问题，一为官钱票的整理，一为军阀旧欠的清偿，一为国民政府军政费用的筹措，一为重设金融机关，以为调度金融财政中心。后二问题，和当时的军事财政有直接关系，尤为重要。盖自国民政府入汉后，虽整理旧税，添办新税，多方罗掘，然均未打破当时的财政难关，结果除增发纸币而外，仍走上向市面摊借款的军阀旧路，此虽可以稳渡一时，但不是长久的办法，谋久远的解决方法在于金融市场的根本整理。因此，1926 年 12 月 27 日民国党中执会和国民政法委员联席会议始有整理湖北金融和财政两公债的通过。湖北金融公债，总额 2000 万元，规定用途四项：其一，以 700 万元收回官钱局钱票；其二，以 300 万元抵还军阀时代所积欠市面之借款。目的在对当时武汉财政金融上的各种问题，做一个总的解决，包括拨还旧欠，抵还新债，收回钱票及筹设新的金融机关在内。……中央银行成立后，即成为政府筹款的外库，中央银行的资本，既只有 3167925 元，而开创伊始，少有存放款业务，事实上惟在增发钞票以应政府的军事开支。然此时政局紧张，宁汉已呈裂痕，且工潮澎湃，各帝国主义者又拟对汉施行经济封锁，故新债的未发行，旧债的清偿，钱票的整理等，均成为未决的问题。此后政局日趋恶化，武汉情形备极紊乱，整理金融工作，完全停顿，而军事日紧，军费日增，武汉在政治上势成釜底游鱼，经济上财政上的危机，打不开出路，则其最终诉之于纸币政策所不能免。

1927 年 9 月 24 日唐生智命中央银行停止营业。

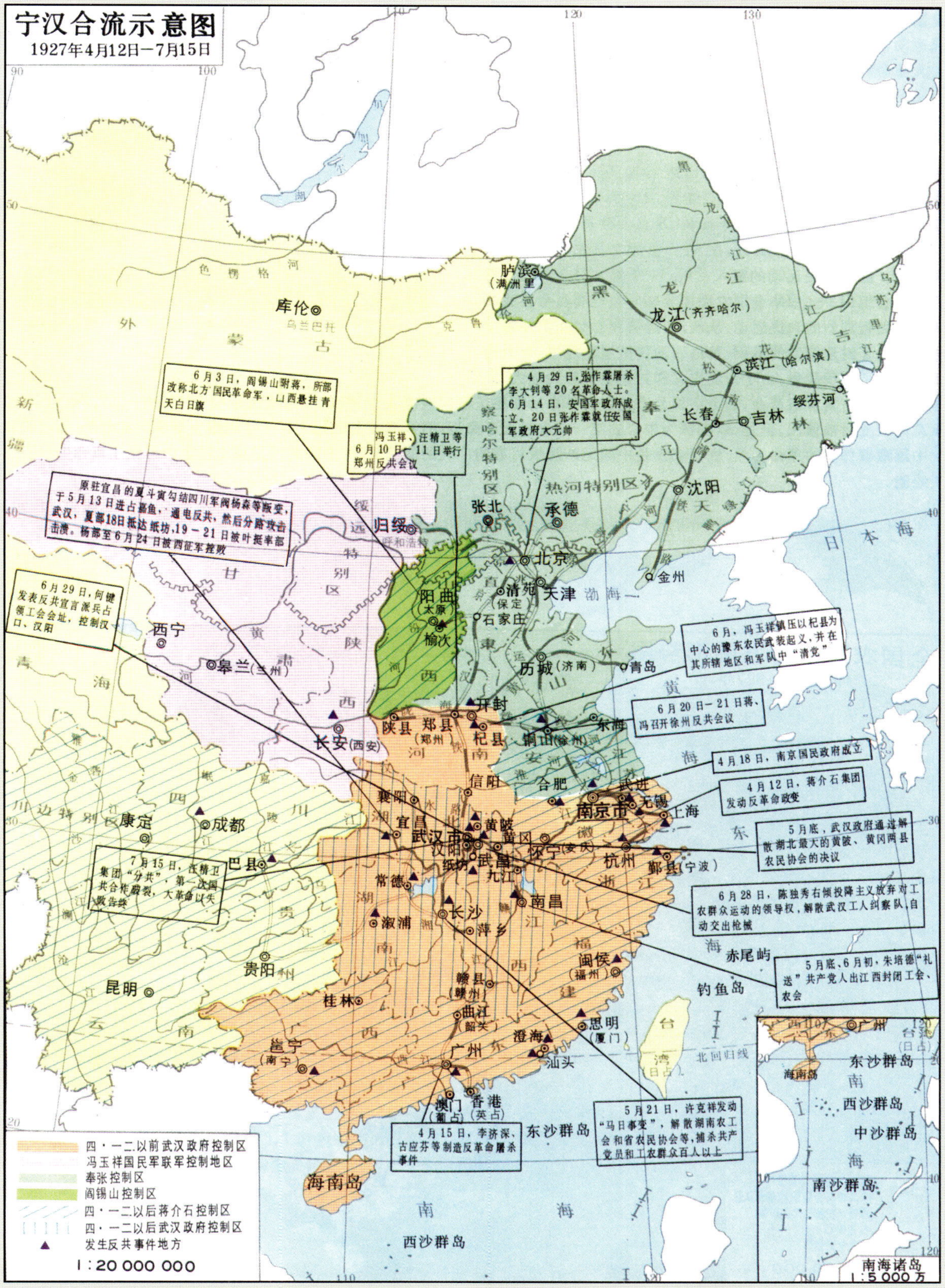

引自《中国现代史地图集》，中国地图出版社 1999 年，37 页

序号	编码	名称	属性
1	CC1—6Si	中央银行民国十五年壹圆样本 Central Bank of China.$1.1926. (issued) Specimen	样本
2	CC1—11Si	中央银行民国十五年伍拾圆样本 Central Bank of China.$50.1926. (issued) Specimen	样本
3	CC1—12Si	中央银行民国十五年壹百圆样本 Central Bank of China.$100.1926.Specimen	样本
4	CC2—1a	汉口中央银行民国十五年壹圆小签 Central Bank of (Hankow) China.$1.1926. Small signature	小签
5	CC2—2a	汉口中央银行民国十五年伍圆小签 Central Bank of (Hankow) China.$5.1926. Small signature	小签
6	CC2—3a	汉口中央银行民国十五年拾圆小签 Central Bank of (Hankow) China.$10.1926. Small signature	小签
7	CC2—5a	中央银行民国十五年壹百圆汉口小签 Central Bank of China.$100.1926.Hankow. Small signature	小签
8	CC2—2b	汉口中央银行民国十五年伍圆中签 Central Bank of (Hankow) China.$5.1926. large signature	中签
9	CC2—3b	汉口中央银行民国十五年拾圆中签 Central Bank of (Hankow) China.$10.1926. large signature	中签
10	CC2—4b	汉口中央银行民国十五年伍拾圆中签 Central Bank of China.$50.1926.Hankow. large signature	中签

【CC1—6Si】中央银行民国十五年壹圆样本
Central Bank of China.$1 1926. (issued) Specimen

中华纸币研究标准编码：CC1—6Si	S/M：	PICK：182s
正面图案：孙中山像（蓝色）	背面图案：花符（灰色）	
签名：无	尺寸：75×160mm	收藏星级★★★
印制单位：美国钞票公司	印制时间：1926 年 4 月—1927 年 2 月	
Stack Sbowers The 2011 N.Y.I.N.C. Auction 全新 1,654 元		
http://www.banknotestudy.com/k/a.aspx?id=63815		

【CC1—11Si】中央银行民国十五年伍拾圆样本
Central Bank of China.$50.1926. (issued) Specimen

中华纸币研究标准编码：CC1—11Si	S/M：C305—27as	PICK：184As
正面图案：孙中山像（蓝色）	背面图案：花符（黄色）	
签名：无	尺寸：85×180mm	收藏星级★★★★
印制单位：美国钞票公司	印制时间：1926 年 4 月—1927 年 2 月	
鲍尔斯 The April 2013 Hong Kong Auction 全新 7,152 元		
http://www.banknotestudy.com/k/a.aspx?id=93192		

中央银行发行样本为加“样本”中文字者，有签名者 CC2—4S # 罕见。

【CC1—12Si】中央银行民国十五年壹百圆样本
Central Bank of China.$100.1926.Specimen

中华纸币研究标准编码：CC2—12Si	S/M：	PICK：184Bs
正面图案：孙中山像（紫色）	背面图案：花符（红色）	
签名：无	尺寸：87×184mm	收藏星级★★★★
印制单位：美国钞票公司	印制时间：1926 年 4 月—1927 年 2 月	
中华纸币研究 8，000 元		

中央银行发行样本为加“样本”中文字者，有签名者 CC2—4S ＃ 罕见。

【CC2—1a】汉口中央银行民国十五年壹圆小签

Central Bank of (Hankow) China.$1.1926. Small Signature

中华纸币研究标准编码：CC2—1a	S/M：C305—22b	PICK：182c
正面图案：孙中山像（蓝色）	背面图案：花符（灰色）	
签名：宋子文　陈行	尺寸：75×160mm	收藏星级★★★
印制单位：美国钞票公司	印制时间：1926年4月	
发行时间：1927年1月20日	发行量：约50万张	
上海2009秋季拍卖会·纸币　九成6,720元		
http://www.banknotestudy.com/k/a.aspx?id=37865		

【CC2—2a】汉口中央银行民国十五年伍圆小签
Central Bank of (Hankow) China.$5.1926. Small Signature

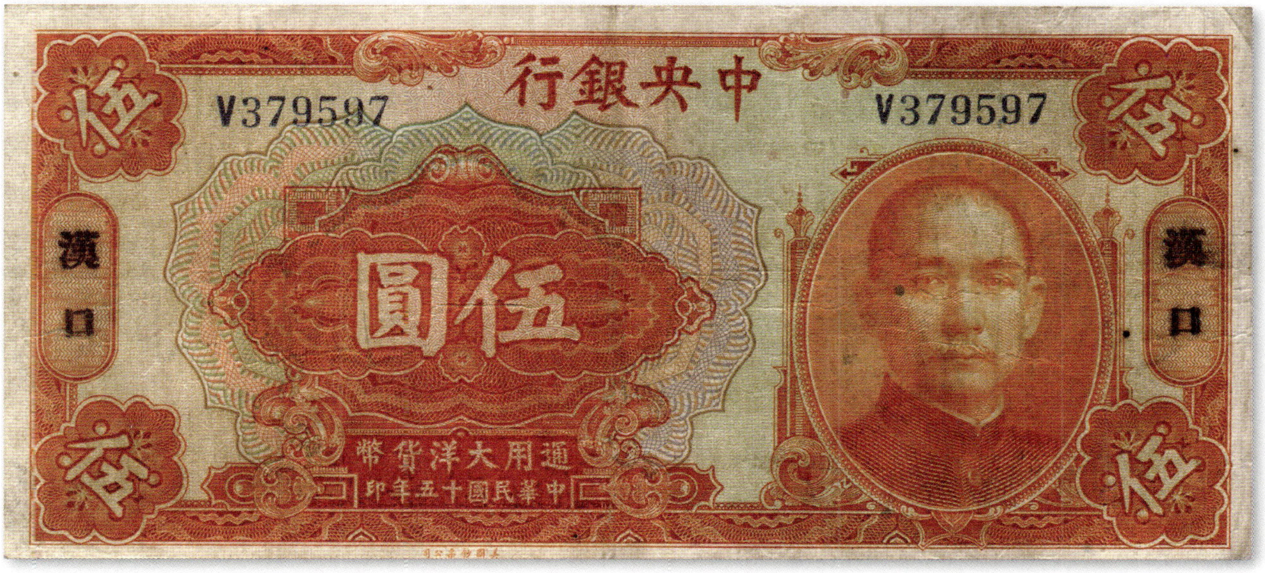

杨展孝先生藏

中华纸币研究标准编码：CC2—2a	S/M：C305—24c	PICK：183c
正面图案：孙中山像（桔色）	背面图案：花符（绿色）	
签名：宋子文　陈行	尺寸：76×165mm	收藏星级★★★★☆
印制单位：美国钞票公司	印制时间：1926年4月	
发行时间：1927年1月20日	发行量：约5万张	
诚轩2008年春季拍卖会·钱币　中华纸币研究参考价5,000元		
http://www.banknotestudy.com/k/a.aspx?id=26658		

汉口中央银行于1927年1月20日成立，是武汉国民政府（1927年2月21日—1927年8月19日）的中央银行。行长宋子文。此后发行汉口地名券为中央银行汉口分行发行。

【CC2–3a】中央银行民国十五年拾圆汉口小签
Central Bank of China.$10.1926.HanKow.Small Signature

中华纸币研究标准编码：CC2—3a	S/M：C305—26b	PICK ：184
正面图案：孙中山像（红色）	背面图案：花符（蓝色）	
签名：宋子文　陈行	尺寸：78×171mm	收藏星级★★★★☆
印制单位：美国钞票公司	印制时间：1926 年 4 月	
发行时间：1927 年 1 月 20 日	发行量：约 5 万张	
上海 2010 秋季拍卖会 · 江南藏韵 · 柏文纸币　八五成 4，600 元		
http://www.banknotestudy.com/k/a.aspx?id=12552		

【CC2—5a】中央银行民国十五年壹百圆汉口小签
Central Bank of China.$100.1926.Hankow. Small Signature

许义宗先生《中国纸币新论》36 页

中华纸币研究标准编码：CC2—5a	S/M：	PICK：184B
正面图案：孙中山像（紫色）	背面图案：花符（红色）	
签名：宋子文　陈行	尺寸：82×184mm	收藏星级★★★★★
印制单位：美国钞票公司	印制时间：1926 年 4 月	
发行时间：1927 年 1 月 20 日	发行量：待考	
中华纸币研究参考价八成 120,000 元		

【CC2—2b】汉口中央银行民国十五年伍圆中签
Central Bank of (Hankow) China.$5.1926. large Signature

中华纸币研究标准编码：CC2—2b	S/M：C305—24c	PICK：183c
正面图案：孙中山像（桔色）	背面图案：花符（绿色）	
签名：宋子文　陈行	尺寸：76×165mm	收藏星级★★★★☆
印制单位：美国钞票公司	印制时间：1926 年 4 月	
发行时间：1927 年 1 月 20 日	发行量：约 10 万张	
诚轩 2008 年春季拍卖会·钱币　中华纸币研究参考价 5,000 元		
http://www.banknotestudy.com/k/a.aspx?id=26658		

【CC2—3b】汉口中央银行民国十五年拾圆中签
Central Bank of (Hankow) China.$10.1926. large Signature

杨展孝先生藏

中华纸币研究标准编码:CC2—3b	S/M:C305—26b	PICK:184
正面图案:孙中山像(红色)	背面图案:花符(蓝色)	
签名:宋子文　陈行	尺寸:78×171mm	收藏星级★★★★☆
印制单位:美国钞票公司	印制时间:1926年4月	
发行时间:1927年1月20日	发行量:约10万张	
上海2010秋季拍卖会·江南藏韵·柏文纸币　八五成4,600元		
http://www.banknotestudy.com/k/a.aspx?id=12552		

【CC2—4b】汉口中央银行民国十五年伍拾圆中签

Central Bank of China.$50.1926.Hankow. large Signature

中华纸币研究标准编码：CC2—4b	S/M：C305—27a	PICK：184Aa
正面图案：孙中山像（蓝色）	背面图案：花符（黄色）	
签名：宋子文　陈行	尺寸：85×178mm	收藏星级★★★★☆
印制单位：美国钞票公司	印制时间：1926年4月	
发行时间：1927年1月20日	发行量：待考	
中国嘉德2010春季拍卖会纸钞专场　七五成新42,560元		
http://www.banknotestudy.com/k/a.aspx?id=7341		

中央银行民国十五年伍拾圆汉口（涂改上海）

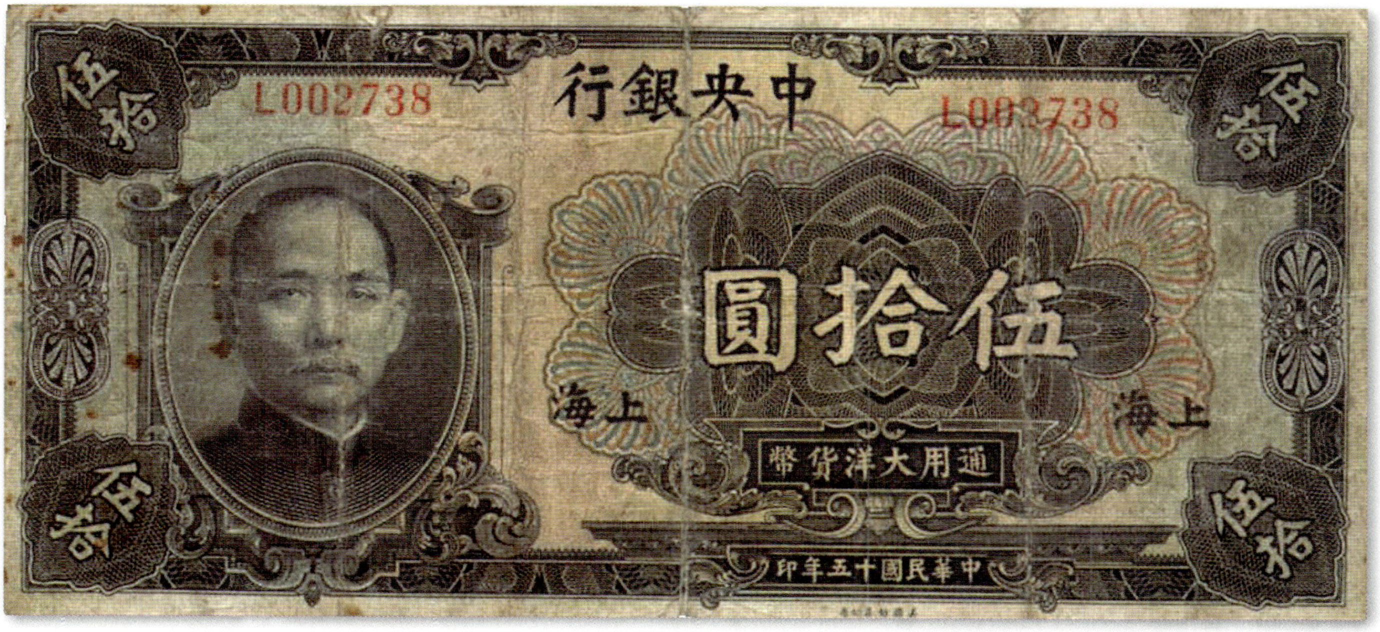

此券为汉口地名券涂改上海地名

第三节
中央银行大洋辅币券

序号	编码	名称	属性
1	CC2—9S	中央银行辅币券民国十六年伍角 Central Bank of China.50 Cents.1927 (As. Specimen)	流通票作样票
2	CC2—9U	中央银行辅币券民国十六年伍角 Central Bank of China.50 Cents.1927. Unfinished Note	未完成 (Unfinished note)
3	CC2—9a	中央银行辅币券民国十六年伍角 Central Bank of China.50 Cents.1927	无字轨 (No Prefix Letters)
4	CC2—9b	中央银行辅币券民国十六年伍角 Central Bank of China.50 Cents.1927 (A Prefix Letters)	A 字轨 (A Prefix Letters)
5	CC1—9S*	中央银行壹角（1927） Central Bank of China.10 Cents.(1927). Specimen	样本
6	CC1—9a	中央银行壹角（1927） Central Bank of China.10 Cents.(1927) (No Prefix Letters)	无字轨 (No Prefix Letters)
7	CC1—9b	中央银行壹角（1927） Central Bank of China.10 Cents.(1927)	单字轨 (Single Prefix)
8	CC1—9c	中央银行壹角（1927） Central Bank of China.10 Cents.(1927)	前后字轨
9	CC1—10S*	中央银行贰角（1927） Central Bank of China.20 Cents.(1927). Specimen	样本
10	CC1—10a	中央银行贰角（1927） Central Bank of China.20 Cents.(1927)	无字轨 (No Prefix Letters)
11	CC1—10b	中央银行贰角（1927） Central Bank of China.20 Cents.(1927) (Single Prefix)	单字轨 (Single Prefix)

【CC2—9S】中央银行辅币券民国十六年伍角（流通票作样票）
Central Bank of China.50 Cents.1927(As.Specimen)

中华纸币研究标准编码：CC2—9S	S/M：C305—34	PICK：192
签名：宋子文　陈行	尺寸：66×118mm	收藏星级★★★★
中华纸币研究参考价八成 5,000 元		

【CC2—9U】中央银行辅币券民国十六年伍角（未完成）
Central Bank of China.50 Cents.1927. Unfinished Note

中华纸币研究标准编码：CC2—9U	S/M：C305—34	PICK：192
签名：宋子文　陈行	尺寸：66×118mm	收藏星级★★★★
上海 2012 年秋季拍卖会·江南印象·中国纸币（二）八成 5,980 元		
http://www.banknotestudy.com/k/a.aspx?id=88203		

【CC2—9a】中央银行辅助券民国十六年伍角
Central Bank of China.50 Cents.1927

桂林先生藏

中华纸币研究标准编码：CC2—9a	S/M：C305—34	PICK：192
正面图案：天坛祈年殿（桔色）	背面图案：花符（绿色）	
签名：宋子文　陈行	尺寸：66×118mm	收藏星级★★★★
印制单位：中华书局	印制时间：1927年	
发行时间：1928年4月	发行量：约800万张	
冠军 eBay Live Auction 网上拍卖会 II　九五成 22,729 元		
http://www.banknotestudy.com/k/a.aspx?id=127660		

【CC2—9b】中央银行辅币券民国十六年伍角 A 字轨
Central Bank of China.50 Cents.1927

中华纸币研究标准编码：CC2—9b	S/M：C305—34	PICK：192
签名：宋子文　陈行	尺寸：66×118mm	收藏星级★★★★
上海 2011 江南九月拍卖会 · 中国纸币（二）七五成 2,300 元		
http://www.banknotestudy.com/k/a.aspx?id=40290		

中央银行辅助券民国十六年伍角
Central Bank of China.5C Cents.1927

引自《老上海货币》，上海地名为后加

附：中央银行毫洋辅币券

国民革命军总司令部随军在南京、徐州两地发行小洋（毫洋）辅币券1角、2角两种面额，规定每12角兑换大洋1元，至1931年4月1日币制统一时改为十进制兑换。

【CC1—9S*】中央银行壹角（1927）样本
Central Bank of China.10 Cents.(1927).Specimen

中华纸币研究标准编码：CC1—9S*	S/M：C305—31S	PICK：193s
正面图案：广州琶洲塔（绿色）	背面图案：花符（棕、紫色）	
签名：宋子文　黄隆生	尺寸：58×116mm	收藏星级★★★★
印制单位：美国钞票公司	印制时间：1927 年 1 月	
发行时间：1928 年 4 月 22 日	发行量：待考	
中华纸币研究参考价 5,000 元		

【CC1—9a】中央银行壹角（1927）无字轨
Central Bank of China.10 Cents.(1927)

中华纸币研究标准编码：CC1—9a	S/M：C305—31	PICK：193a
正面图案：广州琶洲塔（绿色）	背面图案：花符（棕、紫色）	
签名：宋子文　黄隆生	尺寸：58×116mm	收藏星级★★★★
印制单位：美国钞票公司	印制时间：1927年1月	
发行时间：1928年4月22日	发行量：100万张	
上海2012三月拍卖会·江南藏韵·中国纸币 九五成 5,750元		
http://www.banknotestudy.com/k/a.aspx?id=60205		

【CC1—9b】中央银行壹角（1927）单字轨
Central Bank of China.10 Cents.(1927)

中华纸币研究标准编码：CC1—9b	S/M：C305—31	PICK：193a
正面图案：广州琶洲塔（绿色）	背面图案：花符（棕、紫色）	
签名：宋子文　黄隆生	尺寸：58×116mm	收藏星级★
印制单位：美国钞票公司	印制时间：1927 年 1 月	
发行时间：1928 年 4 月 22 日	发行量：2,400 万张	
斯宾克 Jan 2011 Banknotes & Cions of Hong Kong&China 全新 700 元		
http://www.banknotestudy.com/k/a.aspx?id=17726		

【CC1—9c】中央银行壹角（1927）前后字轨
Central Bank of China.10 Cents.(1927)

中华纸币研究标准编码：CC1—9c	S/M：C305—31	PICK：193a
正面图案：广州琶洲塔（绿色）	背面图案：花符（棕、紫色）	
签名：宋子文　黄隆生	尺寸：58×116mm	收藏星级★★★★
印制单位：美国钞票公司	印制时间：1927 年 1 月	
发行时间：1928 年 4 月 22 日	发行量：待考	
中华纸币研究参考价 5,000 元		

【CC1—10S*】中央银行贰角（1927）样本
Central Bank of China.20 Cents.(1927).Specimen

中华纸币研究标准编码：CC1—10S*	S/M：C305—33s	PICK：194s
正面图案：广州琶洲塔（绿色）		背面图案：花符（棕、紫色）
签名：宋子文　黄隆生	尺寸：63×119mm	收藏星级★★★★
印制单位：美国钞票公司		印制时间：1927 年 1 月
发行时间：1928 年 4 月 22 日		发行量：待考
上海 2010 年春季拍卖会纸钞 全新 920 元		
http://www.banknotestudy.ccm/k/a.aspx?id=71080		

【CC1—10a】中央银行贰角（1927）无字轨
Central Bank of China.20 Cents.(1927)

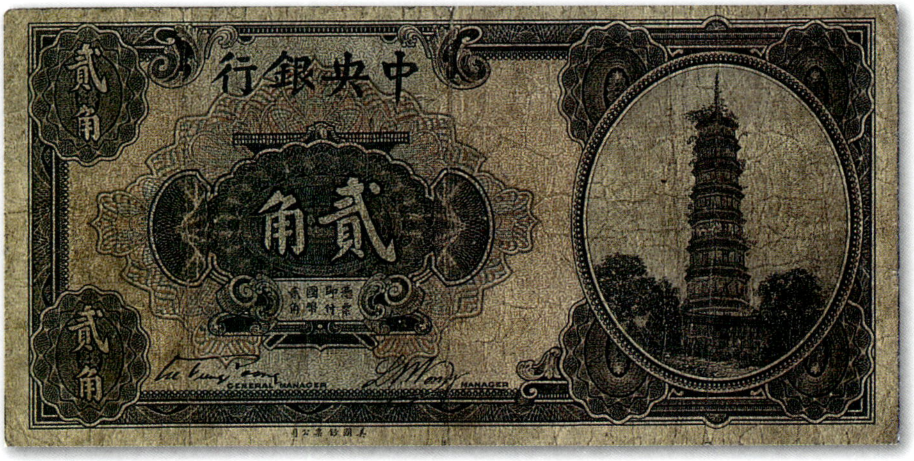

杨展孝先生藏

中华纸币研究标准编码：CC1—10a	S/M：C305—33	PICK：194a
正面图案：广州琶洲塔（绿色）	背面图案：花符（棕、紫色）	
签名：宋子文　黄隆生	尺寸：63×119mm	收藏星级★★★★
印制单位：美国钞票公司	印制时间：1927 年 1 月	
发行时间：1928 年 4 月 22 日	发行量：100 万张	
中华纸币研究参考价八成 2,000 元		

【CC1—10b】中央银行贰角（1927）单字轨
Central Bank of China.20 Cents.(1927)

中华纸币研究标准编码：CC1—10b	S/M：C305—33	PICK：194a
正面图案：广州琶洲塔（绿色）	背面图案：花符（棕、紫色）	
签名：宋子文　黄隆生	尺寸：63×119mm	收藏星级★☆
印制单位：美国钞票公司	印制时间：1927 年 1 月	
发行时间：1928 年 4 月 22 日	发行量：待考	
中华纸币研究参考价全新 1，200 元		

第四章

中央银行（广东）通用大洋货币地名券

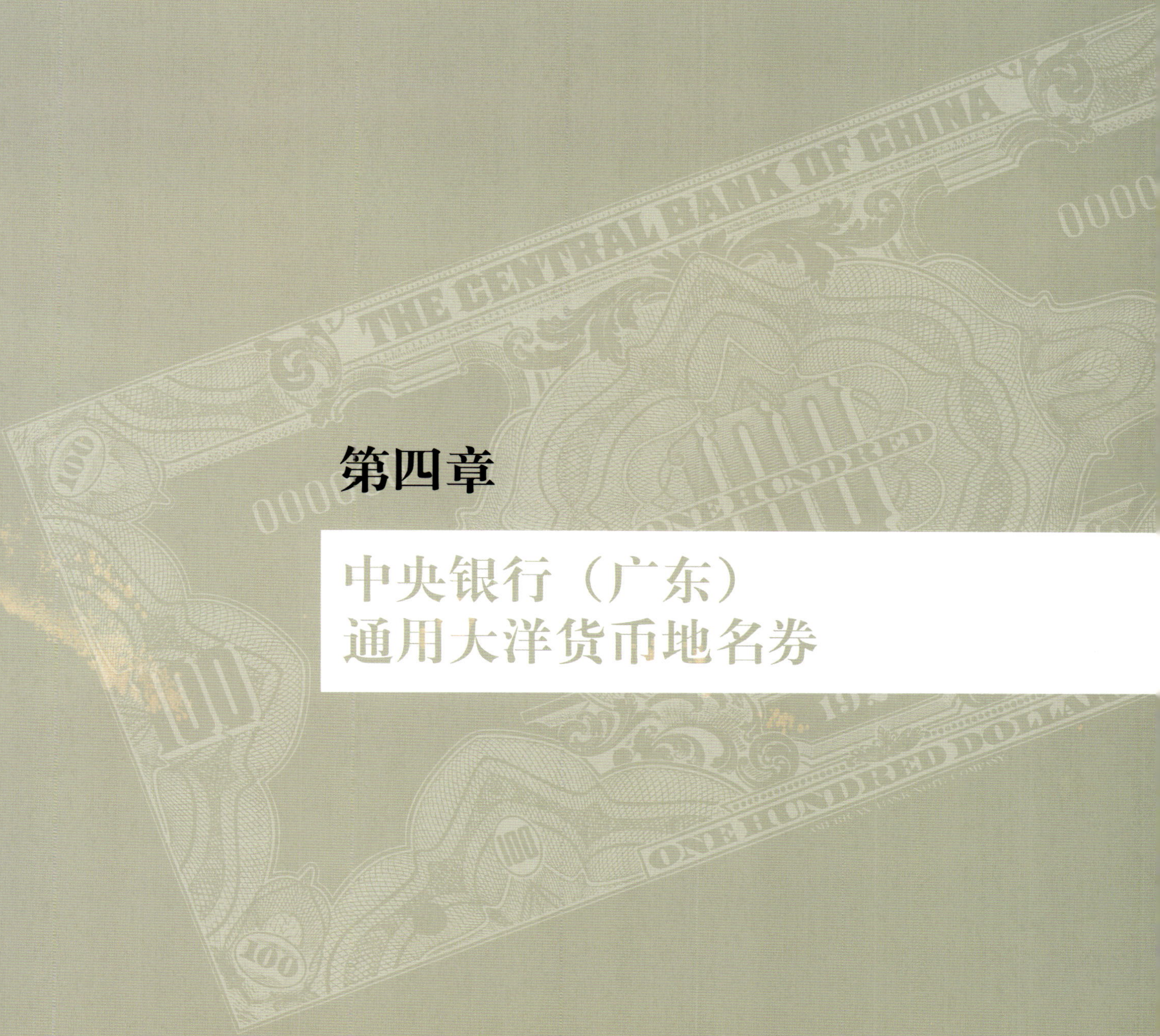

第一节
中央银行汕头大洋货币地名券

序号	编码	名称	属性
1	CC2—6ST	中央银行民国十五年壹圆	涂改汕头
2	CC1—7STS	中央银行民国十五年伍圆汕头 Central Bank of China.$10.1926.Swatow.Specimen	样本
3	CC1—8STS	中央银行民国十五年拾圆汕头 Central Bank of China.$10.1926.Swatow.Specimen	样本
4	CC1—8STB	中央银行民国十五年拾圆汕头 Central Bank of China.$10.1926.Swatow.Swatow Subsidiary Bank	流通券

【CC2—6ST】中央银行民国十五年壹圆（涂改汕头）
Central Bank of China.$1.1926.Swatow

引自陈俊钿《民国时期中央银行纸币图录》，此券背面应为黄隆生签名，陈行是汉口中央银行行长。待考。

中华纸币研究标准编码：CC2—6ST	S/M：	PICK：
正面图案：孙中山像（蓝色）	背面图案：花符（灰色）	
签名：宋子文	尺寸：75×160mm	收藏星级★★★★
印制单位：美国钞票公司	印制时间：1926 年 4 月	
发行时间：1927 年 1 月 20 日	发行量：约 100 万张	

【CC1—7STS】中央银行民国十五年伍圆汕头样本
Central Bank of China.$5.1926.Swatow.Specimen

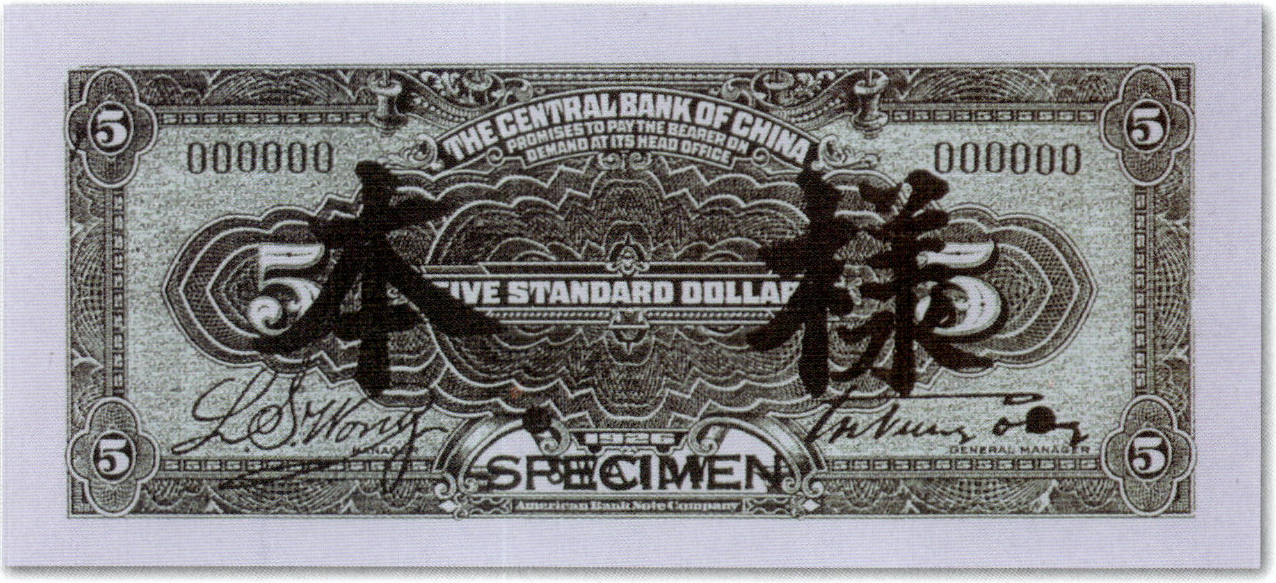

中华纸币研究标准编码：CC1—7STS	S/M：	PICK：183s
正面图案：孙中山像（桔色）	背面图案：花符（绿色）	
签名：宋子文　黄隆生	尺寸：77×167mm	收藏星级★★★★
印制单位：美国钞票公司	印制时间：1926 年 4 月	
发行时间：1926 年 12 月 13 日	发行量：待考	
中国嘉德 2007 春季拍卖会李安深收藏·纸币　九五成 7,280 元		
http://www.banknotestudy.com/k/a.aspx?id=56416		

民国十五年（1926 年）12 月，中央银行以“汕头一埠，向用大洋，而该行在汕头发行者只有毫券一种，不便使用。13 日，汕头分行发行地名大元券，分 1 元、5 元、10 元三种，先发行 15 万元，凡属正杂各项收如应收大元者，均得以大元券征纳，其余寻常行用，原日发行之毫券仍准通行不悖”。

【CC1—8STS】中央银行民国十五年拾圆汕头样本

Central Bank of China.$10.1926.Swatow.Specimen

中华纸币研究标准编码：CC1—8STS	S/M：	PICK：184s
正面图案：孙中山像（红色）	背面图案：花符（蓝色）	
签名：宋子文　黄隆生	尺寸：80×171mm	收藏星级★★★★
印制单位：美国钞票公司	印制时间：1926 年 4 月	
发行时间：1926 年 12 月 13 日	发行量：待考	
中国嘉德 2007 秋季拍卖会・纸币　九成 7,616 元		
http://www.banknotestudy.com/k/a.aspx?id=56417		

【CC1—8STB】中央银行民国十五年拾圆汕头
Central Bank of China.$10.1926.Swatow.Swatow Subsidiary Bank

中华纸币研究标准编码：CC1—8STB	S/M：	PICK：184
正面图案：孙中山像（红色）	背面图案：花符（蓝色）	
签名：宋子文　黄隆生	尺寸：80×171mm	收藏星级★★★★★
印制单位：美国钞票公司	印制时间：1926年4月	
发行时间：1926年12月13日	发行量：待考	
中国嘉德2010春季拍卖会纸钞专场　七五成　89,600元		
http://www.banknotestudy.com/k/a.aspx?id=56423		

汕头分行圆戳为1928年7月5日后回笼加盖。存疑，待考。

第二节
中央银行汉口大洋货币地名券

序号	编码	名称	属性
1	CC2—1c	中央银行民国十五年壹圆汉口 Central Bank of China.$1.1926.Hankow	流通券
2	CC2—1cTF	中央银行民国十五年壹圆汉口 TF Central Bank of China.$1.1926.Hankow	流通券
3	CC2—2c1	中央银行民国十五年伍圆汉口 Central Bank of China.$5.1926.Hankow (No Prefix Letters)	无字轨 No Prefix Letters
4	CC2—2c2	中央银行民国十五年伍圆汉口 Central Bank of China.$5.1926.Hankow	A 字轨 A Prefix Letters
5	CC2—2cTF	中央银行民国十五年伍圆汉口 TF Central Bank of China.$5.1926.Hankow	(涂改上海)
6	CC2—2cTH	中央银行民国十五年伍圆汉口 TH Central Bank of China.$5.1926.Hankow	流通券
7	CC2—2cHY	中央银行民国十五年伍圆汉口 HY Central Bank of China.$5.1926.Hankow	流通券
8	CC2—3c	中央银行民国十五年拾圆汉口 Central Bank of China.$10.1926.Hankow	流通券
9	CC2—3cTF	中央银行民国十五年拾圆汉口 TF Central Bank of China.$10.1926.Hankow	流通券

【CC2—1c】中央银行民国十五年壹圆汉口

Central Bank of China.$1.1926.Hankow

中华纸币研究标准编码：CC2—1c	S/M：C305—22b	PICK：182c
正面图案：孙中山像（蓝色）	背面图案：花符（灰色）	
签名：宋子文　陈行	尺寸：75×160mm	收藏星级★★★
印制单位：美国钞票公司	印制时间：1926 年 4 月	
发行时间：1927 年 1 月 20 日	发行量：约 100 万张	
上海 2010 年春季拍卖会·纸钞 八成 2,990 元		
http://www.banknotestudy.com/k/a.aspx?id=82831		

【CC2—1cTF】中央银行民国十五年壹圆汉口 TF
Central Bank of China.$1.1926.Hankow

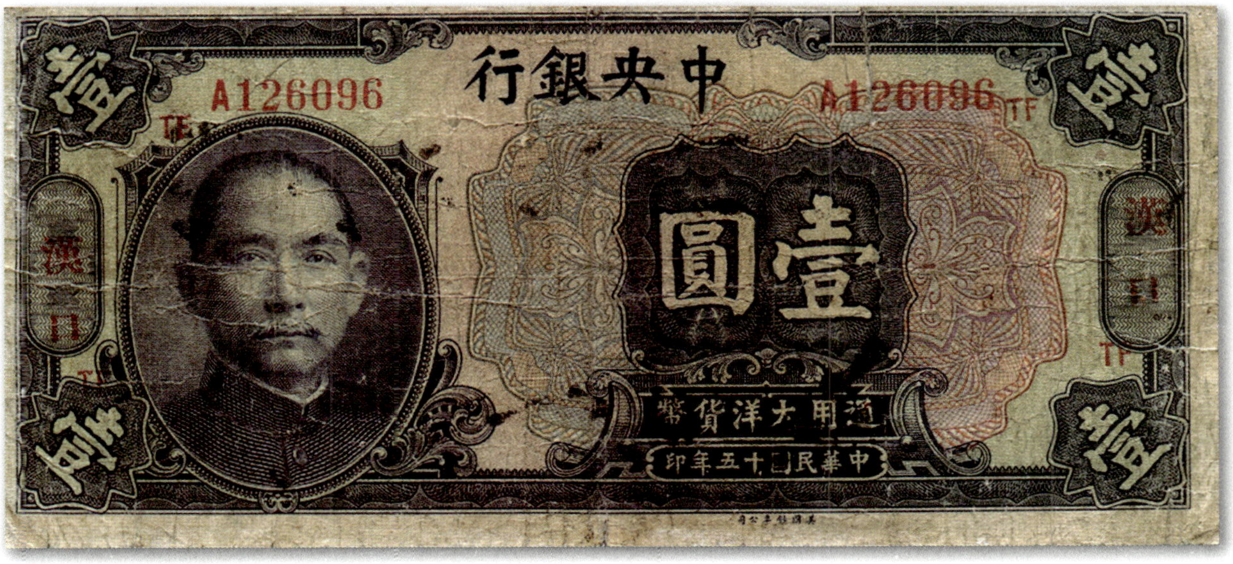

中华纸币研究标准编码：CC2—1cTF	S/M：C305—22b	PICK：182c
正面图案：孙中山像（蓝色）	背面图案：花符（灰色）	
签名：宋子文　陈行	尺寸：75×160mm	收藏星级★★★
印制单位：美国钞票公司	印制时间：1926 年 4 月	
发行时间：1927 年 1 月 20 日	发行量：待考	
中华纸币研究参考价 3,000 元		
http://www.banknotestudy.com/k/a.aspx?id=123806		

【CC2—2c1】中央银行民国十五年伍圆汉口无字轨
Central Bank of China.$5.1926.Hankow (No Prefix Letters)

中华纸币研究标准编码：CC2—2c1	S/M：C305—24c	PICK：183d
正面图案：孙中山像（桔色）	背面图案：花符（绿色）	
签名：宋子文　陈行	尺寸：76×165mm	收藏星级★★★
印制单位：美国钞票公司	印制时间：1926 年 4 月	
发行时间：待考	发行量：约 80 万张	
第十四届冠军拍卖会 八成 3,272 元		
http://www.banknotestudy.com/k/a.aspx?id=73785		

注：V 字是伍圆券的英文代码，不作为字轨。

【CC2—2c2】中央银行民国十五年伍圆汉口 A 字轨
Central Bank of China.$5.1926.Hankow (A Prefix Letters)

中华纸币研究标准编码：CC2—2c2	S/M：C305—24c	PICK：183d
正面图案：孙中山像（桔色）	背面图案：花符（绿色）	
签名：宋子文　陈行	尺寸：76×165mm	收藏星级★★★☆
印制单位：美国钞票公司	印制时间：1926 年 4 月	
发行时间：待考	发行量：约 50 万张	
上海 2013 年江南桂月拍卖会·春华秋实·中国纸币（一）八成 3,450 元		
http://www.banknotestudy.com/k/a.aspx?id=117826		

【CC2—2cTF】中央银行民国十五年伍圆汉口 TF（涂改上海）
Central Bank of China.$5.1926.Hankow

领用券，领用单位待考。上海地名为后改。

中华纸币研究标准编码：CC2—2cTF	S/M：C305—24c	PICK：183c
正面图案：孙中山像（桔色）	背面图案：花符（绿色）	
签名：宋子文　陈行	尺寸：75×165mm	收藏星级★★★★
印制单位：美国钞票公司	印制时间：1926 年 4 月	
发行时间：领用时间待考	发行量：待考	
中华纸币研究参考价 4,000 元		

【CC2—2cTH】中央银行民国十五年伍圆汉口 TH
Central Bank of China.$5.1926.Hankow

中华纸币研究标准编码：CC2—2cTH	S/M：C305—24c	PICK：183c
正面图案：孙中山像（桔色）	背面图案：花符（绿色）	
签名：宋子文　陈行	尺寸：76×165mm	收藏星级★★★★
印制单位：美国钞票公司	印制时间：1926年4月	
发行时间：领用时间待考	发行量：待考	
Stacksbowers The 2010 N.Y.I.N.C.Auction 七五成4,005元		
http://www.banknotestudy.com/k/a.aspx?id=7841		

领用券，领用单位待考。

【CC2—2cHY】中央银行民国十五年伍圆汉口 HY
Central Bank of China.$5.1926.Hankow

中华纸币研究标准编码：CC2—2cHY	S/M：C305—24c	PICK：183c
正面图案：孙中山像（桔色）	背面图案：花符（绿色）	
签名：宋子文　陈行	尺寸：75×165mm	收藏星级★★★★
印制单位：美国钞票公司	印制时间：1926 年 4 月	
发行时间：领用时间待考	发行量：待考	
中国嘉德 2009 春季拍卖会·纸币　中华纸币研究参考价八成 4,000 元		
http://www.banknotestudy.com/k/a.aspx?id=17466		

【CC2—3c】中央银行民国十五年拾圆汉口
Central Bank of China.$10.1926.Hankow

中华纸币研究标准编码：CC2—3c	S/M：C305—26b	PICK：184
正面图案：孙中山像（红色）	背面图案：花符（蓝色）	
签名：宋子文　陈行	尺寸：78×171mm	收藏星级★★★★
印制单位：美国钞票公司	印制时间：1926年4月	
发行时间：待考	发行量：约55万张	
上海2013年江南桂月拍卖会·春华秋实·中国纸币（一）九成14,950元		
http://www.banknotestudy.com/k/a.aspx?id=117827		

【CC2—3cTF】中央银行民国十五年拾圆汉口 TF

Central Bank of China.$10.1926.Hankow

中华纸币研究标准编码：CC2—3cTF	S/M：C305—26b	PICK：184
正面图案：孙中山像（红色）	背面图案：花符（蓝色）	
签名：宋子文　陈行	尺寸：78×171mm	收藏星级★★★★
印制单位：美国钞票公司	印制时间：1926 年 4 月	
发行时间：领用时间待考	发行量：待考	
中华纸币研究参考价八成 8,500 元		

领用券，领用单位待考。

中央银行民国十五年壹百圆汉口（涂改上海）

此券为样票涂改上海地名

第三节
中央银行福建大洋货币地名券

序号	编码	名称	属性
1	CC1—6FK	中央银行民国十五年壹圆福建 Central Bank of China.$1.1926.Fukien	流通券
2	CC1—7FK	中央银行民国十五年伍圆福建 Central Bank of China.$5.1926.Fukien	流通券
3	CC1—8FK	中央银行民国十五年拾圆福建 Central Bank of China.$10.1926.Fukien	流通券

【CC1—6FK】中央银行民国十五年壹圆福建
Central Bank of China.$1.1926.Fukien

中华纸币研究标准编码：CC1—6FK	S/M：C305—22a	PICK：182b
正面图案：孙中山像（蓝色）	背面图案：花符（灰色）	
签名：宋子文　黄隆生	尺寸：75×161mm	收藏星级★★★
印制单位：美国钞票公司	印制时间：1926 年 4 月	
发行时间：1926 年 12 月	发行量：5 万张	
上海 2011 春季拍卖会·中国纸币　全新 3,450 元		
http://www.banknotestudy.com/k/a.aspx?id=87660		

B 字轨。

【CC1—7FK】中央银行民国十五年伍圆福建
Central Bank of China.$5.1926.Fukien

中华纸币研究标准编码：CC1—7FK	S/M：C305—24a	PICK：183b
正面图案：孙中山像（桔色）	背面图案：花符（绿色）	
签名：行长宋子文	尺寸：77×167mm	收藏星级★★★☆
印制单位：美国钞票公司	印制时间：1926 年 4 月	
发行时间：1926 年 12 月	发行量：5 万张	
诚轩 2013 年春季拍卖会·纸币 九成 5,750 元		
http://www.banknotestudy.com/k/a.aspx?id=101124		

【CC1—8FK】中央银行民国十五年拾圆福建
Central Bank of China.$10.1926.Fukien

中华纸币研究标准编码：CC1—8FK	S/M：C305—26a	PICK：184b
正面图案：孙中山像（红色）	背面图案：花符（蓝色）	
签名：行长宋子文	尺寸：80×171mm	收藏星级★★★★
印制单位：美国钞票公司	印制时间：1926 年 4 月	
发行时间：1926 年 12 月	发行量：1 万张	
上海 2011 年秋季拍卖会 · 中国纸币 九成 10,350 元		
http://www.banknotestudy.com/k/a.aspx?id=53807		

第四节
中央银行海口大洋货币地名券

序号	编码	名称	属性
1	CC1—6HK	中央银行民国十五年壹圆海口 Central Bank of China.$1.1926.Hoikow	流通券
2	CC1—7HK	中央银行民国十五年伍圆海口 Central Bank of China.$5.1926.Hoikow	流通券
3	CC1—8HKS	中央银行民国十五年拾圆海口 Central Bank of China.$10.1926.Hoikow.Specimen	票样

【CC1—6HK】中央银行民国十五年壹圆海口
Central Bank of China.$1.1926.Hoikow

中华纸币研究标准编码：CC1—6HK	S/M：C305—22d	PICK：182
正面图案：孙中山像（蓝色）	背面图案：花符（灰色）	
签名：黄隆生　周斯铭	尺寸：75×161mm	收藏星级★★★★★
印制单位：美国钞票公司	印制时间：1926 年 4 月	
发行时间：1928 年 6 月 15 日	发行量：3 万张	
诚轩 2013 年春季拍卖会·纸币　七五成 149,500 元		
http://www.banknotestudy.com/k/a.aspx?id=99999		

中央银行海口分行 1928 年 6 月 15 日成立。

【CC1—7HK】中央银行民国十五年伍圆海口
Central Bank of China.$5.1926.Hoikow

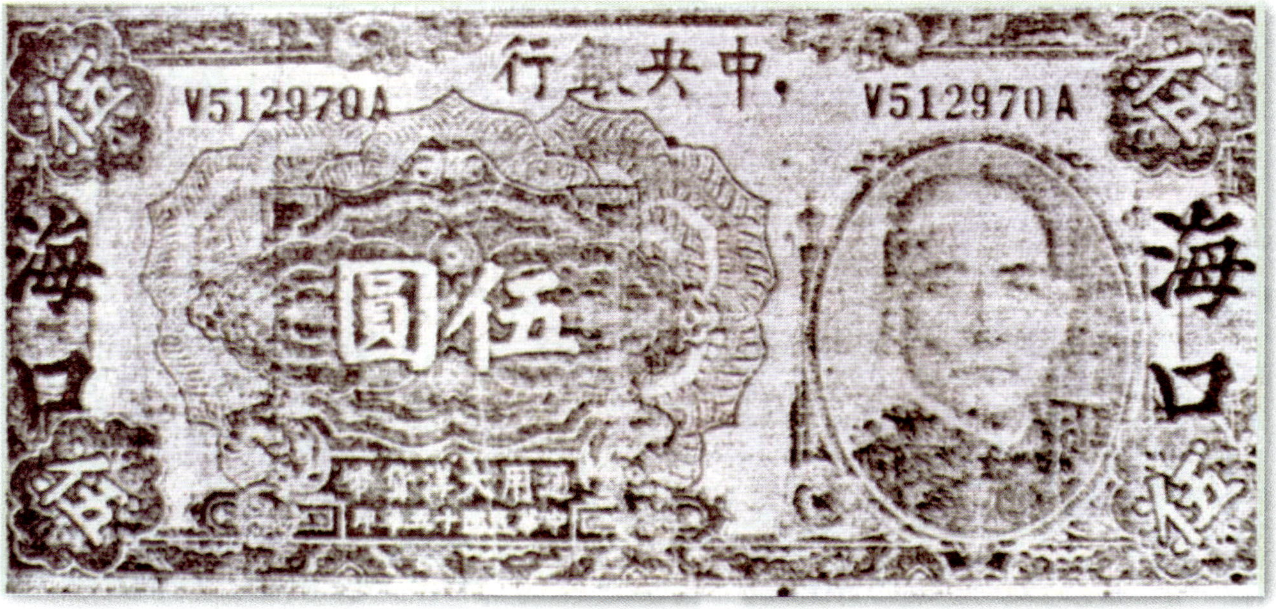

毛景安《中国纸币之沿革》

中华纸币研究标准编码：CC1—7HK	S/M：C305—24d	PICK：183d
正面图案：孙中山像（桔色）	背面图案：花符（绿色）	
签名：黄隆生　周斯铭	尺寸：77×167mm	收藏星级★★★★★
印制单位：美国钞票公司	印制时间：1926 年 4 月	
发行时间：1928 年 6 月 15 日	发行量：待考	
中华纸币研究参考价 180,000 元		

【CC1—8HKS】中央银行民国十五年拾圆海口（票样）

Central Bank of China.$10.1926.Hoikow.Specimen

陈俊钿《民国时期中央银行纸币图录》

中华纸币研究标准编：CC1—8HKS	S/M：C305—26dS	PICK：184s
正面图案：孙中山像（红色）	背面图案：花符（蓝色）	
签名：无	尺寸：78×171mm	收藏星级★★★★☆
印制单位：美国钞票公司	印制时间：1926 年 4 月	
发行时间：1928 年 6 月 15 日	发行量：待考	
中华纸币研究参考价 10,000 元		

发行量少，回收彻底，流通票实物未见。参考价 250,000 元。

第五章

广东中央银行
通用货币兑换券（新版）

民国十七年（1928年）10月，中央银行公布发行新版兑换券，“以旧币行用，历时既久，纸质颜色间有损污，遂通告发行新币，收换旧币。新币式样，与旧币大同小异，惟券面中央银行四字侧加盖广东两字，颜色则一元币面金黄色，背灰色；五元币面花红色，背金黄色；十元币面泥金色，背砖灰色；五十元币面蓝色，背青莲色；一百元币面草青色，背红色”。同时，宣布将旧币收回作废。据该行年底营业报告，纸币发行总额为30122378.50元。

广东中央银行成立后（注：此时的广东中央银行纸币还保留国家银行性质），民国十八年（1929年）3月6日，其所继承的中央银行纸币（以下简称中币）即发生挤兑风潮，广州银号亦因之停止交收中币，省政当局将无牌营业的银号和拒用纸币的商店，分别勒令停业，挤兑风潮始于3月17日平息。3月23日，又制定稽核兑现办法三条。3月27日，实行纸币封存办法，规定各行商店按其商业牌照资本额封存纸币，限3日内封存完毕。其后，封存期限延至4月4日结束，共封存中币5271387.10元，加上已兑回的600万元，在市面上流通的纸币数量仅有2100万元（封存以前的纸币数为3200万元）。但市面交收汇兑，纸币与毫银之间，仍存芥蒂。民国十八年（1929年）5月，粤桂战事在广东境内展开，受其影响，纸币价格锐跌。财政特派员公署及财政厅为筹措军费，维持纸币，颁发布告，规定自本年5月8日起全省一切税收改收现金八成、纸币二成，并依照民国17年附加赈费办法加收纸币二成，即“银八纸四”。所有党政军各机关薪公等费，均支现金八成，其余四成纸币全部封存。同时广东中央银行暂停兑现。5月21日，广东中央银行奉令暂停营业。6月，战事移往广西境内。6月6日，广东中央银行恢复营业。6月底，军事行动平息后，省政当局决心维持币值，决定签发新币，先行现兑，使中币币值渐升至九成。7月10日，广东中央银行以现兑方式发行1元、5元和10元新纸币，以集中现银，作为恢复中币兑现的准备。在准备金尚未十分充足时，不能全部纸币同时兑现，于是采取分期兑现的办法。7月31日，广东中央银行颁布分期兑现办法：8月1日开兑1元券，8月10日开兑5元券，8月20日开兑10元券，8月30日开兑50元券，9月10日开兑100元券。8月25日，财政厅取消“银八纸四”办法。从26日起，规定50元券与100元券均可缴税，与其他各种纸币一律收受。8月30日，继续开兑50元券和100元券纸币。至此，广东中央银行纸币全部复兑。9月底，风传将有战事发生，加上投机分子操纵和银业店号拒收，纸币又出现挤兑风潮，广东中央银行于9月24日发出布告，每日延长兑换时间1小时。9月26日，又颁发布告，自本月28日起，凡是该行邹敏初行长中文签字的各种纸币，随时无限制十足兑现，其余英文签字的各种纸币，另行定期兑现。财政部则电令自30日起，无论新旧纸币，一律暂行停止兑现，以便整理。

第一节
广东中央银行通用货币券

序号	编码	名称	属性
1	CC1—13Ss	中央银行民国十二年壹圆 Central Bank of China Kwangtung.$1.1923 (1928) Signature Specimen	签名样本 (Signature Specimen)
2	CC1—13a1	中央银行民国十二年壹圆 Central Bank of China Kwangtung.$1.1923 (1928) (No Prefix Letters)	无字轨 (No Prefix Letters)
3	CC1—13a2	中央银行民国十二年壹圆 Central Bank of China Kwangtung.$1.1923 (1928) (A Prefix Letters)	A 字轨 (A Prefix Letters)
4	CC1—14Ss	中央银行民国十二年伍圆 Central Bank of China Kwangtung.$5.1923 (1928) Signature Specimen	签名样本 (Signature Specimen)
5	CC1—14a1	中央银行民国十二年伍圆 Central Bank of China Kwangtung.$5.1923 (1928) (No Prefix Letters)	无字轨 (No Prefix Letters)
6	CC1—14a2	中央银行民国十二年伍圆 Central Bank of China Kwangtung.$5.1923 (1928) (A Prefix Letters)	(甲种) A 字轨 (A Prefix Letters)
7	CC1—14b	中央银行民国十二年伍圆 Central Bank of China Kwangtung .$5.1923 (1928) (A Prefix Letters)	(乙种) A 字轨 (A Prefix Letters)
8	CC1—15Ss	中央银行民国十二年拾圆 Central Bank of China Kwangtung.$10.1923 (1928) Signature Specimen	签名样本 Signature Specimen
9	CC1—15a	中央银行民国十二年拾圆 Central Bank of China Kwangtung.$10.1923 (1928)	甲种
10	CC1—15b	中央银行民国十二年拾圆 Central Bank of China Kwangtung.$10.1923 (1928)	乙种

11	C1—16Ss	中央银行民国十二年伍拾圆 Central Bank of China Kwangtung.$50.1923 (1928) Signature Specimen	签名样本 (Signature Specimen)
12	CC1—17Ss	中央银行民国十二年壹百圆 Central Bank of China Kwangtung .$100.1923 (1928) Signature Specimen	签名样本 (Signature Specimen)

【CC1—13Ss】中央银行民国十二年壹圆广东签名样本
Central Bank of China Kwangtung.$1.1923 (1928) Signature Specimen

引自《广东纸币史》

中华纸币研究标准编码：CC1—13Ss	S/M：C305—3S	PICK：172S
正面图案：孙中山像（金黄色）	背面图案：花符（灰色）	
签名：无	尺寸：75×124mm	收藏星级★★★★
中华纸币研究参考价 5,000 元		

【CC1—13a1】中央银行民国十二年壹圆广东无字轨
Central Bank of China Kwangtung.$1.1923 (1928) (No Prefix Letters)

中华纸币研究标准编码：CC1—13a1	S/M：C305—3	PICK：172a
正面图案：孙中山像（金黄色）	背面图案：花符（灰色）	
签名：黄隆生　周斯铭	尺寸：75×124mm	收藏星级★
印制单位：美国钞票公司	印制时间：1928 年 6 月	
发行时间：1929 年 3 月 1 日	发行量：待考	
诚轩 2010 年春季拍卖会·纸币　中华纸币研究参考价八成 350 元		
http：//www.banknotestudy.com/k/a.aspx?id=75639		

【CC1—13a2】中央银行民国十二年壹圆广东单字轨
Central Bank of China Kwangtung.$1.1923 (1928) (A Prefix Letters)

中华纸币研究标准编码：CC1—13a2	S/M：C305—3	PICK：172a
正面图案：孙中山像（金黄色）	背面图案：花符（灰色）	
签名：黄隆生　周斯铭	尺寸：75×124mm	收藏星级☆
印制单位：美国钞票公司	印制时间：1928年6月	
发行时间：1929年3月1日	发行量：待考	
中国嘉德2008第16期邮品钱币 七成179元		
http://www.banknotestudy.com/k/a.aspx?id=63714		

A−C字轨。

【CC1—14Ss】中央银行民国十二年伍圆广东签名样本

Central Bank of China Kwangtung.$5.1923 (1928) Signature Specimen

中华纸币研究标准编码：CC1—14Ss	S/M：C305—7S	PICK：174S
正面图案：孙中山像（花红色）	背面图案：花符（金黄色）	
签名：无	尺寸：77×146mm	收藏星级★★★
印制单位：美国钞票公司	印制时间：1928年6月—1928年9月	
中华纸币研究参考价 8,000		

【CC1—14a1】中央银行民国十二年伍圆广东无字轨
Central Bank of China Kwangtung.$5.1923 (1928) (No Prefix Letters)

中华纸币研究标准编码：CC1—14a1	S/M：	PICK：174c
正面图案：孙中山像（花红色）	背面图案：花符（金黄色）	
签名：黄隆生　周斯铭	尺寸：77×146mm	收藏星级★★
印制单位：美国钞票公司	印制时间：1928 年 6 月	
发行时间：1929 年 3 月 1 日	发行量：100 万张	
上海 2012 三月拍卖会·中国纸币（二）八成 2,760 元		
http://www.banknotestudy.com/k/a.aspx?id=111006		

【CC1—14a2】中央银行民国十二年伍圆广东（甲种）A 字轨
Central Bank of China Kwangtung.$5.1923 (1928) (A Prefix Letters)

中华纸币研究标准编码：CC1—14a2		S/M：	PICK：174c
正面图案：孙中山像（花红色）		背面图案：花符（金黄色）	
签名：黄隆生　周斯铭	尺寸：77×146mm		收藏星级★★★
印制单位：美国钞票公司		印制时间：1928 年 6 月	
发行时间：1929 年 3 月 1 日		发行量：10 万张	
中华纸币研究参考价八成 2，500 元			

【CC1—14b】中央银行民国十二年伍圆广东（乙种）A 字轨
Central Bank of China Kwangtung .$5.1923 (1928)

陈俊钿《民国时期中央银行纸币图录》长框

中华纸币研究标准编码：CC1—14b	S/M：	PICK：174c
正面图案：孙中山像（花红色）	背面图案：花符（金黄色）	
签名：黄隆生　周斯铭	尺寸：77×152mm	收藏星级★★★☆
印制单位：美国钞票公司	印制时间：1928 年 9 月	
发行时间：1929 年 3 月 1 日	发行量：待考	
中华纸币研究参考价八成 3,500 元		

【CC1—15Ss】中央银行民国十二年拾圆广东签名样本
Central Bank of China Kwangtung.$10.1923 (1928). Signature Specimen

引自《广东纸币史》

中华纸币研究标准编码：CC1—15Ss	S/M：C305—12S	PICK：176S
正面图案：孙中山像（泥金色）	背面图案：花符（砖灰色）	
签名：黄隆生　周斯铭	尺寸：78×154mm	收藏星级★★★★
中华纸币研究参考价全新 4,000 元		

【CC1—15a】中央银行民国十二年拾圆广东（甲种）
Central Bank of China Kwangtung.$10.1923 (1928)

中华纸币研究标准编码：CC1—15a	S/M：C305—12a	PICK：176a
正面图案：孙中山像（泥金色）	背面图案：花符（砖灰色）	
签名：黄隆生　周斯铭	尺寸：78×154mm	收藏星级　无
印制单位：美国钞票公司	印制时间：1928 年 6 月	
发行时间：1929 年 3 月 1 日	发行量：50 万张	
中华纸币研究参考价八成 30 元		

短框．回收不彻底，存世量较大。

【CC1—15b】中央银行民国十二年拾圆广东（乙种）

Central Bank of China Kwangtung.$10.1923 (1928)

中华纸币研究标准编码：CC1—15b	S/M：C305—12a	PICK ：176c
正面图案：孙中山像（泥金色）	背面图案：花符（砖灰色）	
签名：黄隆生　周斯铭	尺寸：84×162mm	收藏星级　无
印制单位：美国钞票公司	印制时间：1928 年 9 月	
发行时间：1929 年 3 月 1 日	发行量：40 万张	
中华纸币研究参考价八成 30 元		

长框，回收不彻底，存世量较大。

【C1—16Ss】中央银行民国十二年伍拾圆广东签名样本

Central Bank of China Kwangtung.$50.1923 (1928). Signature Specimen

区季鸾《广东纸币史》

中华纸币研究标准编码：CC1—16Ss	S/M：C305—16S	PICK：178BS
正面图案：孙中山像（蓝色）	背面图案：花符（青莲色）	
签名：黄隆生　周斯铭	尺寸：90×172mm	收藏星级★★★★☆
印制单位：美国钞票公司	印制时间：1928年6月—9月	
中华纸币研究参考价40,000元		

【CC1—17Ss】中央银行民国十二年壹百圆广东签名样本

Central Bank of China Kwangtung .$100.1923 (1928). Signature Specimen

区季鸾《广东纸币史》

中华纸币研究标准编码：CC1—17Ss	S/M：C305—17S	PICK：179AS
正面图案：孙中山像（草青色）	背面图案：花符（红色）	
签名：黄隆生　周斯铭	尺寸：96×187mm	收藏星级★★★★★
印制单位：美国钞票公司	印制时间：1928年6月—9月	
中华纸币研究参考价60,000元		

第二节
广东中央银行现兑改签券（中文签名）

国民政府定都南京后，于民国十七年（1928 年）10 月 5 日颁布《中央银行条例》，另设中央银行总行于上海（外滩十五号），对广州创设之总行，名称予以调整。经广州政治分会第一六一次会议，决议改组为属省府之省银行。1929 年 3 月 1 日广东中央银行成立，由省库拨足 1300 万元作为资本，黄隆生任行长，周斯铭为副行长，兼管发行钞券业务。只对于前中央银行发出纸币继续负责兑现，是以中央二字仍其旧。至 1931 年 12 月底止，历期为两年零十个月。对前在粤省由中央银行所发各券仍继续行使，并由广东中央银行负责兑现，待发行新券后，再行换回，直至整理清讫以告结束为止。

董事会及监事：改组成立时，额定董事五人，奉派林云陔、冯祝万、金曾澄、范其务、黄隆生充任，以后各董事间有去职，先后奉派补充者计有沈载和、林天吉、区国强、杨建平、黄居素、邓彦华、李禄超、林翼中、区芳浦、陈耀垣等，唯金曾澄一人始终在职，至监事亦始终为梁致尘一人。

内部组织：设行长一人，副行长一人，下设业务部、发行部、秘书处、稽核处、文书科、券务科、核计科、业务科、会计科、出纳科、金库科，共为两部两处七科。1930 年 5 月又以组织过大，裁撤发行、业务两部，及券务、核计两科，后设发行科，代管行部，是为两处六科制。

各分行处：所属行处，计仍为汕头、海口、北海、韶州、江门等分行，及西堤办事处，小北兑换所，并增设香港、梅菉分行，中山办事处，各行处设行经理或主任一人，总司其事，以下酌派行员助理。

行长更迭：改组成立之初，行长仍为黄隆生、副行长叶青，未几叶辞职，省府委区国强继任。6 月黄亦辞职，派邹敏初继。邹于同年 12 月又辞职，派林天吉代理。1930 年 3 月，省府改派区副行长接任行长。同年 10 月，省府又令区去职，派财政厅长范其务兼任行长，沈载和为副行长。1931 年 1 月范辞兼职，派沈任行长，杨建平继任副行长。5 月杨辞职，派黄冠章继任，以至改组。

广东中央银行除继承中央银行发行的新版纸币外，为准备复兑起见，复采取现兑政策。于 1929 年 7 月 10 日将印存未签字之 1 元、5 元和 10 元三种新币改签（右签“邹敏初”，左签“周斯铭”）中文，发出流通数额为 900 万元。

兑现情况：1932 年 1 月 1 日，广东中央银行改组为广东省银行。10 元券未开始兑现。4 月 6 日起．将前经公布兑现之 1 元、100 元两种中币，与未开兑之 10 元中币，一律停止兑现，其 5 元、50 元两种，仍十足无限制兑现。至 1935 年 7 月 13 日，广东省银行开董事会议，以“尚余 10 元币一种，自应继续举行登记，以便设法维持。当经即席决议由行拟具登记办法，提会讨论，再行公布通知”。10 元券并未兑现，所以存世量较大。

序号	编码	名称	属性
1	CC1—13Si	(广东) 中央银行民国十二年壹圆样本 Central Bank of China (Kwangtung) .$1.1923 (1928) (issued) Specimen	样本 (issued) Specimen
2	CK1—1a	(广东) 中央银行民国十二年壹圆 (甲种) Central Bank of China (issued by Central Bank of Kwangtung) .$1.1923 (1929)	甲种
3	CK1—1b	(广东) 中央银行民国十二年壹圆 (乙种) Central Bank of China (issued by Central Bank of Kwangtung) .$1.1923 (1929)	乙种
4	CC1—14Si	(广东) 中央银行民国十二年伍圆样本 Central Bank of China (Kwangtung).$5.1923 (1928) (issued) Specimen	样本 (issued) Specimen
5	CK1—2b	(广东) 中央银行民国十二年伍圆 Central Bank of China (issued by Central Bank of Kwangtung) .$5.1923 (1929)	Chinese Signature
6	CC1—15Si	(广东) 中央银行民国十二年拾圆样本 Central Bank of China(Kwangtung).$10.1923 (1928) (issued) Specimen	样本 (issued) Specimen
7	CC1—15*	(广东) 中央银行民国十二年拾圆 (漏签) Central Bank of China Kwangtung.$10.1923 (1928) (loss sealing signature)	漏签 (loss sealing signature)
8	CK1—3b1	(广东) 中央银行民国十二年拾圆乙种无字轨 Central Bank of China (issued by Central Bank of Kwangtung) .$10.1923 (1929)	无字轨 (No Prefix Letters)
9	CK1—3b2	(广东) 中央银行民国十二年拾圆 A 字轨 Central Bank of China (issued by Central Bank of Kwangtung) .$10.1923 (1929)	A 字轨 (A Prefix Letters)
10	C1—16Si	中央银行民国十二年伍拾圆样本 Central Bank of China (Kwangtung).$50.1923 (1923) (issued) Specimen	样本 (issued) Specimen
11	CC1—17Si	中央银行民国十二年壹百圆样本 Central Bank of China(Kwangtung).$100.1923 (1923) (issued) Specimen	样本 (issued) Specimen

【CC1—13Si】（广东）中央银行民国十二年壹圆样本

Central Bank of China (Kwangtung).$1.1923(1928). (issued) Specimen

中华纸币研究标准编码：CC1—13Si	S/M：C305—3S	PICK ：172S
正面图案：孙中山像（金黄色）	背面图案：花符（灰色）	
签名：无	尺寸：76×128mm	收藏星级★★★
珍稀拍卖 2013 春季拍卖会　全新 2,146 元		
http://www.banknotestudy.com/k/a.aspx?id=93542		

【CK1—1a】（广东）中央银行民国十二年壹圆（甲种）
Central Bank of China (issued by Central Bank of Kwangtung).$1.1923 (1929)

中华纸币研究标准编码：CK1—1a	S/M：C305—4a	PICK ：172b
正面图案：孙中山像（金黄色）	背面图案：花符（灰色）	
签名：邹敏初 周斯铭	尺寸：75×124mm	收藏星级★★★★
印制单位：美国钞票公司	印制时间：1928 年 6 月	
发行时间：1929 年 7 月 10 日	发行量：10 万张	
中华纸币研究参考价 3,000 元		

短框。D500000 前．甲种库存券，少见。

【CK1—1b】（广东）中央银行民国十二年壹圆（乙种）
Central Bank of China (issued by Central Bank of Kwangtung).$1.1923 (1929)

中华纸币研究标准编码：CK1—1b	S/M：C305—4a	PICK ：172b
正面图案：孙中山像（金黄色）	背面图案：花符（灰色）	
签名：邹敏初 周斯铭	尺寸：76×128mm	收藏星级★★
印制单位：美国钞票公司	印制时间：1928 年 9 月	
发行时间：1929 年 7 月 10 日	发行量：待考	
斯宾克 12Jan 2013 Banknotes，Bonds and Share Certuficates 八五成 1，347 元		
http：//www.banknotestudy.com/k/a.aspx?id=86718		

长框。D—G 字轨。

【CC1—14Si】（广东）中央银行民国十二年伍圆样本

Central Bank of China (Kwangtung).$5.1923 (1928).(issued) Specimen

中华纸币研究标准编码：CC1—14Si		S/M：C305—7S	PICK：174S
正面图案：孙中山像（花红色）		背面图案：花符（金黄色）	
签名：无	尺寸：77×152mm	收藏星级★★★	
印制单位：美国钞票公司	印制时间：1928 年 6 月—1928 年 9 月		
鲍尔斯 The East Bay & Eduard Kann Collections 中华纸币研究参考价 4,451 元			
http://www.banknotestudy.com/k/a.aspx?id=12337			

【CK1—2b】（广东）中央银行民国十二年伍圆
Central Bank of China (issued by Central Bank of Kwangtung).$5.1923(1929)

中华纸币研究标准编码：CK1—2b	S/M：C305—6	PICK：
正面图案：孙中山像（花红色）	背面图案：花符（金黄色）	
签名：邹敏初　周斯铭	尺寸：77×152mm	收藏星级★★☆
印制单位：美国钞票公司	印制时间：1928 年 9 月	
发行时间：1929 年 7 月 10 日	发行量：待考	
中国嘉德 2009 秋季拍卖会 · 黄亨俊收藏纸币　八成 1,232 元		
http://www.banknotestudy.com/k/a.aspx?id=76296		

【CC1—15Si】（广东）中央银行民国十二年拾圆样本
Central Bank of China (Kwangtung).$10.1923 (1928) . (issued) Specimen

中华纸币研究标准编码：CC1—15Si	S/M：C305—12S	PICK：176S
正面图案：孙中山像（泥金色）	背面图案：花符（砖灰色）	
签名：无	尺寸：84×162mm	收藏星级★★★
印制单位：美国钞票公司	印制时间：1928 年 6 月—9 月	
Stacksbowers The April 2012 Hong Kong Auction 全新成交价 2,823 元		
http://www.banknotestudy.com/k/a.aspx?id=63734		

【CC1—15*】（广东）中央银行民国十二年拾圆（漏签）
Central Bank of China Kwangtung.$10.1923 (1928). loss sealing signature

中华纸币研究标准编码：CC1—15*	S/M：C305—12	PICK：176
正面图案：孙中山像（泥金色）	背面图案：花符（砖灰色）	
签名：无	尺寸：84×162mm	收藏星级★★★★
印制单位：美国钞票公司	印制时间：1928 年 6 月—9 月	
上海 2009 春季拍卖会 · 钱币杂项 九成 1,000 元 未成交		
http://www.banknotestudy.com/k/a.aspx?id=38672		

漏盖（loss sealing）：所要加盖的纸币，出现全部或局部遗漏，有漏盖签名、印章或地名等情况。

【CK1—3b1】（广东）中央银行民国十二年拾圆乙种无字轨

Central Bank of China (issued by Central Bank of Kwangtung) .$10.1923 (1929)

中华纸币研究标准编码：CK1—3b1	S/M：C305—12c	PICK：176e
正面图案：孙中山像（泥金色）	背面图案：花符（砖灰色）	
签名：邹敏初 周斯铭	尺寸：84×162mm	收藏星级★☆
印制单位：美国钞票公司	印制时间：1928 年 9 月	
发行时间：1929 年 7 月 10 日	发行量：5 万张	
中华纸币研究参考价八成 300 元		

【CK1—3b2】（广东）中央银行民国十二年拾圆 A 字轨
Central Bank of China (issued by Central Bank of Kwangtung).$10.1923 (1929)

中华纸币研究标准编码：CK1—3b2	S/M：	PICK：176e
正面图案：孙中山像（泥金色）	背面图案：花符（砖灰色）	
签名：邹敏初　周斯铭	尺寸：84×162mm	收藏星级 无
印制单位：美国钞票公司	印制时间：1928 年 9 月	
发行时间：1929 年 7 月 10 日	发行量：40 万张	
中华纸币研究参考价八成 30 元		

【C1—16Si】中央银行民国十二年伍拾圆样本

Central Bank of China (Kwangtung).$50.1923 (1928). (issued) Specimen

引自《中国纸币图说》

中华纸币研究标准编码：CC1—16Si	S/M：C305—16S	PICK：178BS
正面图案：孙中山像（蓝色）	背面图案：花符（青莲色）	
签名：无	尺寸：90×172mm	收藏星级★★★★
印制单位：美国钞票公司	印制时间：1928年6月—9月	
中华纸币研究参考价20,000元		

【CC1—17Si】中央银行民国十二年壹百圆样本

Central Bank of China(Kwangtung).$100.1923 (1928) (issued) Specimen

中华纸币研究标准编码：CC1—17Si		S/M：C305—17S		PICK ：179AS
正面图案：孙中山像（草青色）		背面图案：花符（红色）		
签名：无	尺寸：96×182mm		收藏星级★★★★	
印制单位：美国钞票公司		印制时间：1928年6月—9月		
华辰2003春季拍卖会·邮品钱币 九成3,200元 未成交				
http://www.banknotestudy.com/k/a.aspx?id=56395				

第三节
广东中央银行还库改签券（中英文签名）

民国十八年（1929 年）10 月 15 日，广东中央银行将由金库拨还的 300 万元英文签字新券提出，加盖中文签字发出流通。这样，广东中央银行的纸币，既有中央银行时期发行的英文签字的纸币，又有广东中央银行时期发行的中文签字及中英文签字的纸币。

民国十九年（1930 年）1 月，广东省财政厅将税收办法由“银八纸二”改为“银六纸五”，并于 1 月 26 日恢复 1 元纸币的无限制兑现。2 月，提前开征 19 年钱粮，借收广州全市铺屋、码头租捐 1 个月，国省各税加一征收，其目的是为了解决财政困难，也为了收集现金减少纸币流通。3 月 1 日，改用新旧券各半兑现 1 元中币，10 日起则全部以新券兑现。1 元纸币恢复兑现后，各种未兑现纸币币值回升至七八成。5 月 26 日，开兑 100 元中币。对于其他各种面额纸币，广东中央银行决定自 8 月 1 日起至 10 月底止，举办未兑现纸币存款，分活期、定期两种。活期存款按日计息，每千元利息 1 毫，定期存款 3 个月一期，周息 4.5 厘，利息均以银毫支给。此后，各种未兑现纸币价格涨至九成多，市面上已出现十足通用的情况。10 月 16 日，广东中央银行决定停止吸存。20 日，开兑黄隆生、周斯铭英文签字的 5 元、10 元新币，并准用作缴纳税收。此外，并颁布换发新券销毁旧券的布告，具体规定了换发的时间和范围，另外，对于汕头、北海两地发行地名券的区域，也经一律换新券。原规定 10 月 21 日起 1 个月为换发时间，后延期 1 个月。自民国十九年 11 月 5 日至民国二十年 2 月 1 日止，共截毁旧券 14623744 元，中央银行纸币仍有约七百万元在市面流通。民国十九年 12 月 16 日，开兑中文签字 5 元纸币。

民国二十年 2 月 23 日，开兑 10 元纸币。3 月 4 日，纸币又发生低折风潮，广东中央银行决定从 3 月 5 日起，将未兑现的 50 元纸币十足无限制兑现。这样，所有广东中央银行及其继承的中央银行纸币恢复兑现，照常通用，风潮平息。稍后，由于政局变动，又起金融风潮。4 月 30 日，广东中央银行奉国民革命军第八路总指挥部的训令，自 5 月 1 日起暂停兑现，等待整理。此后，为便利市面交易，又将库存 1 元、5 元面额中币，提出 300 万元，加盖“广中总行”4 字戳记于券面，实行兑现，经省政府第六届委员会第七次会议议决照办，并决定于 7 月 11 日起发行。因受加盖戳记速度影响，又呈请省政府准予推迟施行时间。9 月 1 日，省政府第二十四次省务会议决定将广东中央银行改组为广东省银行,所有广东中央银行及前中央银行纸币,概由广东省银行负责整理。11 月 5 日，财政厅颁布封存中币办法:凡广州市及南海、顺德、中山、三水、曲江、江门、石龙等县，所有银业店号、商办银行，按商业牌照资本额封存 3 成，其余杂行商店则封存 1 成，资本额在二百元以下者免封。广州市自 11 月 10 日起限 3 天内封存完毕，各县市则参照广州市封存办法办理。市民于 11 月 6 日起，可将所持中币交广东中央银行点明封固，交回本人保存,规定满两个月后揭封,月息 6 厘。至 11 月 21 日止,银业店号封存数为 6,039,968 元，商民封存数为 903,707 元。

序号	编码	名称	属性
1	CK1—2Aa1	广东中央银行民国十二年伍圆无字轨 Central Bank of China Kwangtung.$5.1923 (1929)（No Prefix Letters)	甲种无字轨 No Prefix Letters
2	CK1—2Aa2	广东中央银行民国十二年伍圆（甲种）A 字轨 Central Bank of China Kwangtung.$5.1923 (1929)（A Prefix Letters)	甲种 A 字轨 A Prefix Letters
3	CK1—2Ab	广东中央银行民国十二年伍圆（乙种） Central Bank of China Kwangtung.$5.1923 (1929)	乙种
4	CK1—3Aa	广东中央银行民国十二年拾圆（甲种） Central Bank of China Kwangtung.$10.1923 (1929)	甲种
5	CK1—3Ab	广东中央银行民国十二年拾圆（乙种） Central Bank of China Kwangtung.$10.1923 (1929)	乙种

【CK1—2Aa1】广东中央银行民国十二年伍圆（甲种）无字轨
Central Bank of China Kwangtung.$5.1923 (1929)

中华纸币研究标准编码：CK1—2Aa1		S/M：C305—7b	PICK：174b
正面图案：孙中山像（花红色）		背面图案：花符（金黄色）	
签名：	邹敏初　周斯铭 黄隆生　周斯铭	尺寸：77×146mm	收藏星级★★★
印制单位：美国钞票公司		印制时间：1928年6月	
发行时间：1929年10月15日		发行量：100万张以内	
上海2006秋季拍卖会·邮票钱钞 1,000元 未成交			
http://www.banknotestudy.com/k/a.aspx?id=43950			

短框

【CK1—2Aa2】广东中央银行民国十二年伍圆（甲种）单字轨
Central Bank of China Kwangtung.$5.1923 (1929)

中华纸币研究标准编码:CK1—2Aa2		S/M:C305—7b	PICK:174b
正面图案:孙中山像（花红色）		背面图案:花符（金黄色）	
签名	邹敏初 周斯铭 黄隆生 周斯铭	尺寸:77×146mm	收藏星级★★★★
印制单位:美国钞票公司		印制时间:1928 年 6 月	
发行时间:1929 年 10 月 15 日		发行量:10 万张以内	
中华纸币研究参考价八成 5,000 元			

长框。

【CK1—2Ab】广东中央银行民国十二年伍圆（乙种）
Central Bank of China Kwangtung.$5.1923 (1929)

中华纸币研究标准编码：CK1—2Ab		S/M：C305—7b	PICK：174b
正面图案：孙中山像（花红色）		背面图案：花符（金黄色）	
签名	邹敏初　周斯铭 黄隆生　周斯铭	尺寸：77×152mm	收藏星级★★★☆
印制单位：美国钞票公司		印制时间：1928 年 9 月	
发行时间：1929 年 10 月 15 日		发行量：待考	
上海 2009 秋季拍卖会 · 纸币　八成　1，120 元			
http：//www.banknotestudy.ccm/k/a.aspx?id=38552			

长框

【CK1—3Aa】广东中央银行民国十二年拾圆（甲种）
Central Bank of China Kwangtung.$10.1923 (1929)

中华纸币研究标准编码：CK1—3Aa		S/M：C305—12c	PICK：176b
正面图案：孙中山像（泥金色）		背面图案：花符（砖灰色）	
签名	邹敏初 周斯铭 黄隆生 周斯铭	尺寸：78×145mm	收藏星级 无
印制单位：美国钞票公司		印制时间：1928 年 6 月	
发行时间：1929 年 10 月 15 日		发行量：待考	
中华纸币研究参考价八成 30 元			

短框。

【CK1—3Ab】广东中央银行民国十二年拾圆（乙种）无字轨
Central Bank of China Kwangtung.$10.1923 (1929)

<table>
<tr><td colspan="3">中华纸币研究标准编码：CK1—3Ab</td><td>S/M：C305—12c</td><td>PICK：176d</td></tr>
<tr><td colspan="3">正面图案：孙中山像（泥金色）</td><td colspan="2">背面图案：花符（砖灰色）</td></tr>
<tr><td rowspan="2">签名</td><td>邹敏初 周斯铭</td><td rowspan="2">尺寸：84×162mm</td><td colspan="2" rowspan="2">收藏星级：无</td></tr>
<tr><td>黄隆生 周斯铭</td></tr>
<tr><td colspan="3">印制单位：美国钞票公司</td><td colspan="2">印制时间：1928 年 9 月</td></tr>
<tr><td colspan="3">发行时间：1929 年 10 月 15 日</td><td colspan="2">发行量：待考</td></tr>
<tr><td colspan="5">中华纸币研究参考价八成 30 元</td></tr>
</table>

长框。

第四节
广东中央银行“广中总行”券

民国二十年（1931 年）11 月 28 日，广东中央银行提出 1 元、5 元库存中币 300 万元，加印“广中总行”4 字戳记实行现兑发行，藉以吸收现金。12 月 12 日，与财政厅会衔颁布分期复兑办法：从 12 月 16 日起，国省税收纳税在一元以上者收受滞留市面未加戳记的 50 元、100 元中币以及加印流通的 1 元、5 元中币，广东中央银行亦同时恢复滞留市面未加戳记的 50 元、100 元面额的中币十足无限制兑现，至于汕头、北海地名券，则定于 12 月 16 日起，不分种类，一律十足无限制兑现。民国二十年 12 月 26 日至民国二十一年 1 月，广东中央银行将封存以外滞留市面未加印戳的 1 元、5 元和 10 元中币，分 3 次依次兑现。办法公布后，财政厅、广东中央银行又于 12 月 26 日重新会衔布告，由广东中央银行先将封存以外滞留市面未加印戳的 1 元中币无限制兑现，5 元、10 元两种中币，则另定日期公布开兑。当时各种停兑中币币值已涨至九八成左右。

民国二十一年（1932 年）1 月 1 日，广东省银行正式成立，它继承广东中央银行一切资产负债，承兑中央银行、广东中央银行纸币。1 月 8 日，开兑 5 元中币。1 月 15 日，广东省财政厅发行有奖库券 500 万元，以广东通用银毫为本位，所有募集券款，全数拨交纸币监委会保管，作为广东省银行发行纸币基金，以维持中央银行纸币之用。民国二十二年 3 月止，共售出奖券 232,523 元。3 月，受上海“一二·八”事变影响，市面金融恐慌，中币暴跌。财政厅、广东省银行为使中币易于流通，由厅呈奉省府核准救济金融办法三条：从 4 月 6 日起将已公布兑现的 1 元、100 元券两种中币与未开兑的 10 元中币停兑，5 元、50 元纸币则仍旧十足无限制兑现，其时广东省银行发行纸币监委会经已成立，省银行订印的新纸币亦将运到，于是准许商民依照章程领用新币。

1 元、100 元券中币停兑后，价格即跌至七成左右，而 5 元、50 元开兑中币，亦低折至九成。广东省政府为迅速收缩中币，提前于民国二十二年（1933 年）4 月 16 日，发行国防公债 3,000 万元，用于吸收中币。公债发行后，中币流通渐复正常。6 月 23 日，又发生风潮，政府决定实行纸币封存办法。7 月 8 日，将在财政厅、市政府两处收回的 5 元、50 元中币，封存 450 万元，商店继续封存 4,761,253 元，商民封存 55,150 元（两项中含有停兑中币共3,683,038元)。为此，各种未开兑中币，因供求关系而致价格上升。10月12日，商店封存的已兑现中币，揭封后一律换发广东省银行兑换券。12月26日，广东省银行发出布告，让市民将手持的1元、100元两种中币拿到省银行登记。民国二十二年2月8日，换发广东省银行兑换券。3月10日，国民政府公布实行废两改元令。广东又发生挤兑风潮，商民拒用5元、50元券中币。3月12日，广东省银行决定停兑这两种中币。13日起登记，5月1日起以现金十足收回。此后，广东省银行对于其他币别的中币均按月编号，公布收回。1元、100元两种中币，自民国二十三年1月4日起，无论登记与否，随时十足兑换毫银。至于10元券，自民国20年5月起，业已停止兑现。民国二十四年7月13日，广东省银行颁发布告，认为1元、5元、50元、100元4种中央银行纸币，经数年的整理，业将收兑完毕，只余十八万余元未有收回，至于10元券计有1100余万元，是中央银行时代发行的，自应继续进行登记，以便设法维持，但直到民国二十四年货币改革公布发行额时，仍未清理，只作为未了债务列在中央银行账上。

序号	编码	名称	属性
1	CK1—1B1	广东中央银行民国十二年壹圆广中总行 Central Bank of China Kwangtung.$1.1923 (1931). Kwangtung Head Office (No Prefix Letters)	无字轨 (No Prefix Letters)
2	CK1—1B2	广东中央银行民国十二年壹圆广中总行 Central Bank of China Kwangtung.$1.1923 (1931). Kwangtung Head Office (Single Prefix)	单字轨 Single Prefix
3	CK1—2B1	广东中央银行民国十二年伍圆广中总行 Central Bank of China Kwangtung.$5.1923 (1931). Kwangtung Head Office (No Prefix Letters)	无字轨 No Prefix Letters
4	CK1—2B2	广东中央银行民国十二年伍圆广中总行 Central Bank of China Kwangtung.$5.1923 (1931). Kwangtung Head Office (A Prefix Letters)	A字轨 A Prefix Letters
5	CK1—1C	中央银行民国十二年壹圆广中总行 Central Bank of China Kwangtung.$1.1923 (1931). Kwangtung Head Office	广中总行 Kwangtung Head Office
6	CK1—2C	中央银行民国十二年伍圆广中总行 Central Bank of China Kwangtung.$5.1923 (1931). Kwangtung Head Office	现兑版
7	CK1—2D	广东中央银行民国十二年伍圆广中总行 Central Bank of China KwangTung.$5.1923 (1931). Kwangtung Head Office	改签版

【CK1—1B1】广东中央银行民国十二年壹圆广中总行无字轨
Central Bank of China Kwangtung.$1.1923 (1931). Kwangtung Head Office

杨展孝先生藏

中华纸币研究标准编码：CK1—1B1		S/M：C305—3	PICK：172d
正面图案：孙中山像（金黄色）		背面图案：花符（灰色）	
签名：黄隆生　周斯铭	尺寸：75×124mm	收藏星级★★☆	
印制单位：美国钞票公司		印制时间：1928年6月	
发行时间：1931年11月28日		发行量：待考	
上海2012年秋季拍卖会·江南印象·中国纸币（二）七五成1,725元			
http://www.banknotestudy.com/k/a.aspx?id=87634			

【CK1—1B2】广东中央银行民国十二年壹圆广中总行单字轨
Central Bank of China Kwangtung.$1.1923 (1931). Kwangtung Head Office

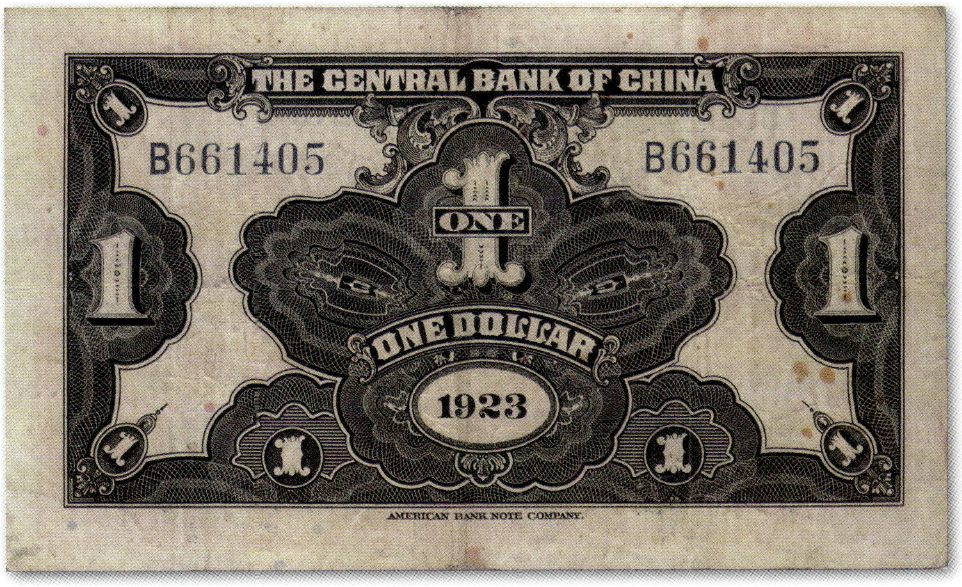

中华纸币研究标准编码：CK1—1B2	S/M：C305—3	PICK：172d
正面图案：孙中山像（金黄色）	背面图案：花符（灰色）	
签名：黄隆生　周斯铭	尺寸：75×124mm	收藏星级★★
印制单位：美国钞票公司	印制时间：1928年6月	
发行时间：1931年11月28日	发行量：待考	
上海2013年江南桂月拍卖会·江南藏韵·中国纸币（二）八成4,370元		
http://www.banknotestudy.com/k/a.aspx?id=118926		

A—D字轨。

【CK1—2B1】广东中央银行民国十二年伍圆广中总行无字轨

Central Bank of China Kwangtung.$5.1923 (1931). Kwangtung Head Office

中华纸币研究标准编码：CK1—2B1	S/M：C305—7a	PICK：174d
正面图案：孙中山像（花红色）	背面图案：花符（金黄色）	
签名：黄隆生　周斯铭	尺寸：77×146mm	收藏星级★★★☆
印制单位：美国钞票公司	印制时间：1928年6月	
发行时间：1931年11月28日	发行量：待考	
中国嘉德2011秋季邮品钱币铜镜拍卖会·王士平收藏·纸钞 八成5,175元		
http://www.banknotestudy.com/k/a.aspx?id=47317		

【CK1—2B2】广东中央银行民国十二年伍圆广中总行 A 字轨

Central Bank of China Kwangtung.$5.1923 (1931). Kwangtung Head Office

中华纸币研究标准编码：CK1—2B2	S/M：C305—7a	PICK：174d
正面图案：孙中山像（花红色）	背面图案：花符（金黄色）	
签名：黄隆生　周斯铭	尺寸：77×146mm	收藏星级★★★★
印制单位：美国钞票公司	印制时间：1928 年 6 月	
发行时间：1931 年 11 月 28 日	发行量：待考	
中华纸币研究参考价八成 4,000 元		

【CK1—1C】中央银行民国十二年壹圆广中总行
Central Bank of China Kwangtung.$1.1923 (1931). Kwangtung Head Office

杨展孝先生藏

中华纸币研究标准编码：CK1—1C	S/M：C305—4a	PICK：172d
正面图案：孙中山像（金黄色）	背面图案：花符（灰色）	
签名：邹敏初　周斯铭	尺寸：76×128mm	收藏星级★★
印制单位：美国钞票公司	印制时间：1928 年 9 月	
发行时间：1931 年 11 月 28 日	发行量：待考	
上海 2012 年秋季拍卖会·江南藏韵·中国纸币（一）八成 2,070 元		
http://www.banknotestudy.com/k/a.aspx?id=85016		

【CK1—2C】中央银行民国十二年伍圆广中总行
Central Bank of China Kwangtung.$5.1923 (1931). Kwangtung Head Office

中华纸币研究标准编码：CK1—2C	S/M：C305—6	PICK：174d
正面图案：孙中山像（花红色）	背面图案：花符（金黄色）	
签名：邹敏初 周斯铭	尺寸：77×146mm	收藏星级★★★☆
印制单位：美国钞票公司	印制时间：1928 年 9 月	
发行时间：1931 年 11 月 28 日	发行量：待考	
第九届冠军拍卖会 八成 1,867 元		
http://www.banknotestudy.com/k/a.aspx?id=19797		

【CK1—2D】广东中央银行民国十二年伍圆广中总行
Central Bank of China Kwangtung.$5.1923 (1931). Kwangtung Head Office

中华纸币研究标准编码：CK1—2D	S/M：C305—7b	PICK：174d
正面图案：孙中山像（花红色）	背面图案：花符（金黄色）	
签名：黄隆生　周斯铭　邹敏初　周斯铭	尺寸：77×146mm	收藏星级★★★☆
印制单位：美国钞票公司	印制时间：1928 年 6 月	
发行时间：1931 年 11 月 28 日	发行量：待考	
诚轩 2006 年秋季拍卖会 · 钱币　七成 6,050 元		
http://www.banknotestudy.com/k/a.aspx?id=35463		

第五节
广东中央银行汕头分行券（广东省银行汕头分行副经理）

序号	编码	名称	属性
1	CK1—1ST1	广东中央银行民国十二年壹圆 （广东省银行汕头分行副经理） Central Bank of China Kwangtung (issued by Kwangtung Provincial Bank) .$1.1923.Swatow Subsidiary Bank	无字轨 No Prefix Letters
2	CK1—1ST2	广东中央银行民国十二年壹圆 （广东省银行汕头分行副经理） Central Bank of China Kwangtung (issued by Kwangtung Provincial Bank) .$1.1923.Swatow Subsidiary Bank	单字轨 Single Prefix
3	CK1—2ST	广东中央银行民国十二年伍圆 （广东省银行汕头分行副经理） Central Bank of China Kwangtung (issued by Kwangtung Provincial Bank) .$5.1923.Swatow Subsidiary Bank	无字轨 No Prefix Letters

【CK1—1ST1】广东中央银行民国十二年壹圆（广东省银行汕头分行副经理）无字轨

Central Bank of China Kwangtung (issued by Kwangtung Provincial Bank) $1.1923.Swatow Subsidiary Bank

中华纸币研究标准编码：CK1—1ST1	S/M：	PICK：172
正面图案：孙中山像（金黄色）	背面图案：花符（灰色）	
签名：黄隆生　周斯铭	尺寸：75×124mm	收藏星级★★★★
印制单位：美国钞票公司	印制时间：1928年6月	
发行时间：1929年9月4日	发行量：待考	
中华纸币研究参考价八成15,000元		

【CK1—1ST2】广东中央银行民国十二年壹圆（广东省银行汕头分行副经理）单字轨

Central Bank of China Kwangtung (issued by Kwangtung Provincial Bank).$1.1923.Swatow Subsidiary Bank

中华纸币研究标准编码：CK1—1ST2	S/M：	FICK：172
正面图案：孙中山像（金黄色）	背面图案：花符（灰色）	
签名：黄隆生　周斯铭	尺寸：75×124mm	收藏星级★★★★
印制单位：美国钞票公司	印制时间：1928 年 6 月	
发行时间：1929 年 9 月 4 日	发行量：待考	
中华纸币研究参考价八成 15,000 元		

B 字轨。中华纸币研究图库收录 1 张。

【CK1—2ST】广东中央银行民国十二年伍圆（广东省银行汕头分行副经理）

Central Bank of China Kwangtung (issued by Kwangtung Provincial Bank) .$5.1923.Swatow Subsidiary Bank

中华纸币研究标准编码：CK1—2ST	S/M：	PICK：
正面图案：孙中山像（花红色）	背面图案：花符（金黄色）	
签名：黄隆生　周斯铭	尺寸：77×146mm	收藏星级★★★★☆
印制单位：美国钞票公司	印制时间：1928 年 6 月	
发行时间：1929 年 9 月 4 日	发行量：待考	
中华纸币研究参考价八成 40,000 元		

中华纸币研究图库收录 1 张。

第六节
广东中央银行（海口）大洋辅币券

1929 年由广东中央银行海口支行发行大洋海口辅币券壹角、贰角半两等面额。1932 年广东省银行海口支行发行海口地名辅币券收回。

序号	编码	名称	属性
1	CK1—5	广东中央银行民国十八年壹角 Central Bank of Kwangtung.10Cents.1929.Hoikow	海口
2	CK1—6	广东中央银行民国十八年贰角半 Central Bank of Kwangtung.25Cents.1929.Hoikow	海口样本

广东中央银行民国十八年壹角海口

Central Bank of KwangTung. 10 Cents.1929. Hoikow

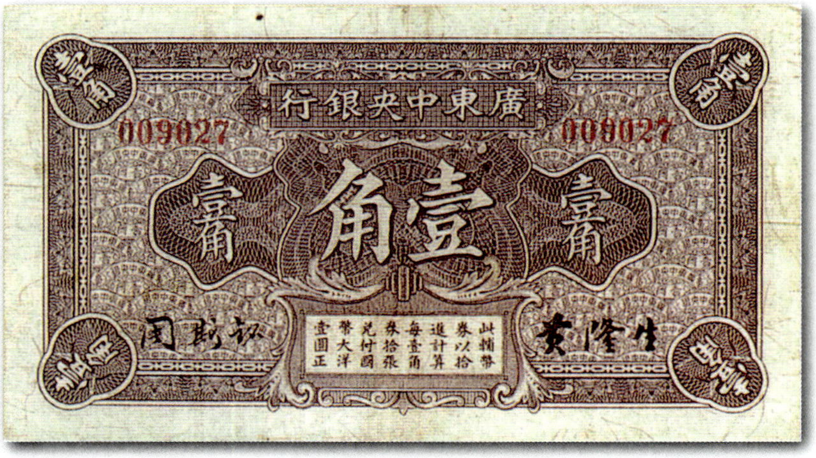

中华纸币研究标准编码：CK1—5	S/M：	PICK：
正面图案：中央银行行楼	背面图案：花符	
签名：黄隆生　周斯铭	尺寸：60×105mm	收藏星级★★★★★

广东中央银行民国十八年贰角半海口样本

Central Bank of Kwangtung.25 Cents.1929. Hoikow

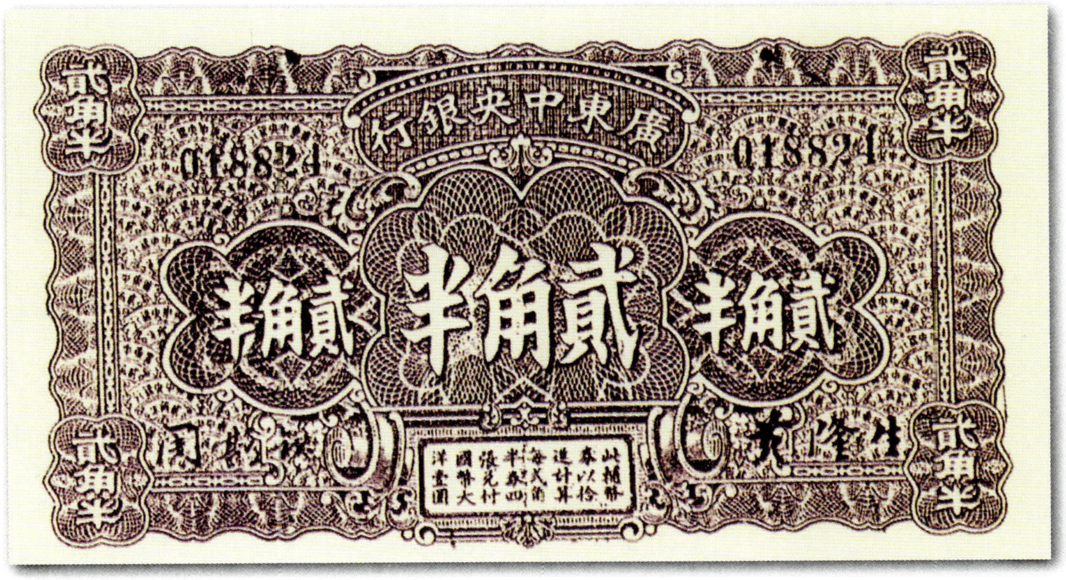

中华纸币研究标准编码：CK1—6	S/M：	PICK：
正面图案：中央银行行楼	背面图案：花符	
签名：黄隆生　周斯铭	尺寸：78×138mm	收藏星级★★★★★

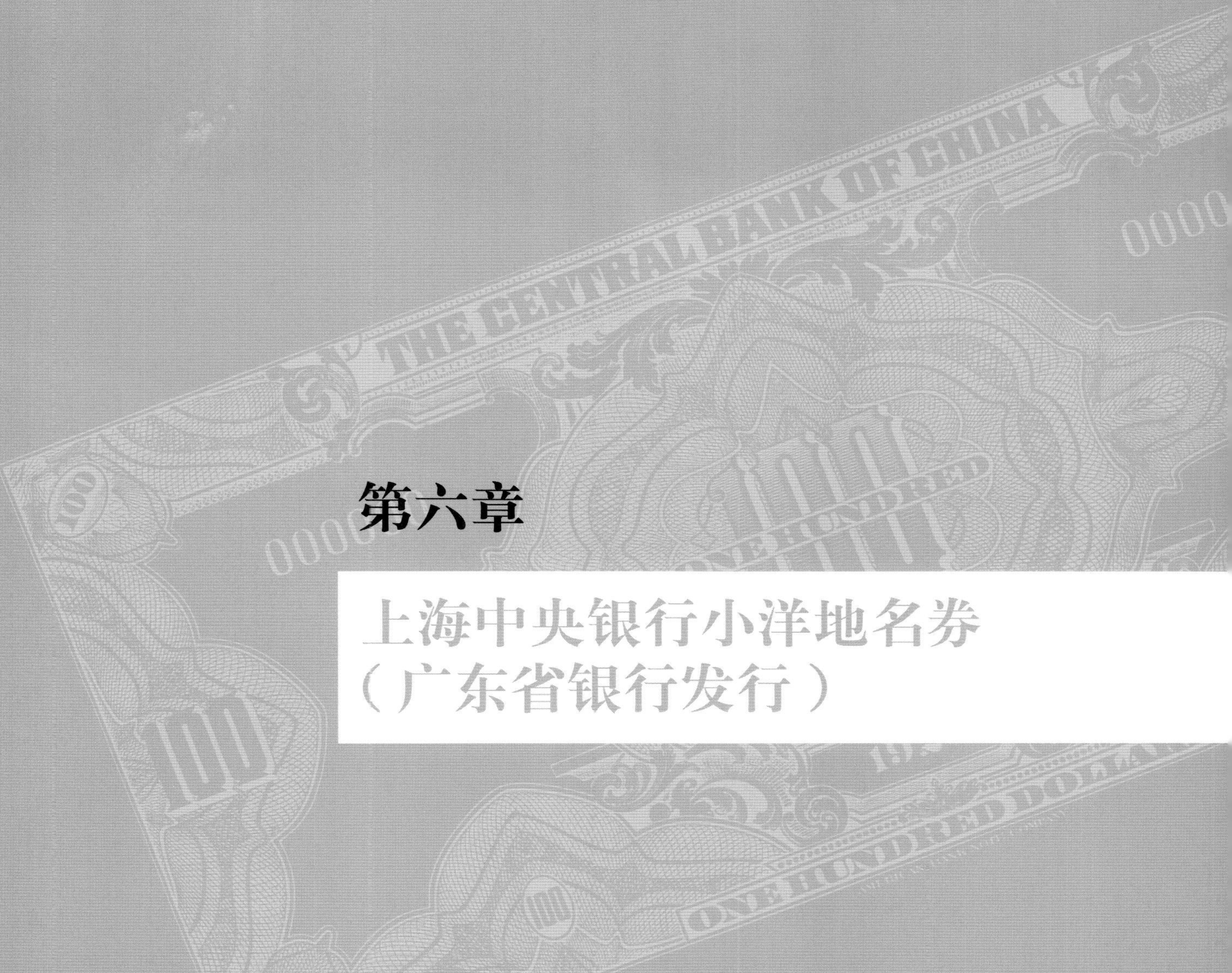

第六章

上海中央银行小洋地名券（广东省银行发行）

以下各券均由上海中央银行1928年订印，广东中央银行和广东省银行发行。

第一节
汕头地名券

广州国民政府建立后，公布《潮梅党治条例》，将潮梅地区改由国民党治理。广东省政府宣布将中山县实行党治。民国十四年 5 月 23 日，广州国民政府邵元冲为潮梅行政长、廖仲恺为委员。民国十五年 10 月 20 日，国民党中央委员及各省特别市海外总支部代表联席会议通过省政府与县市政府及省民会议、县民会议议决案，规定县一级政权机构采取委员制，县政府由省政府任命的若干委员组成，称为县政府委员会。其长官称县委员长，由省政府指定，负责全县行政事务。下设教育、公路、公安、财政等局，局长由县政府委员兼任。广东省曾设江门市政厅、海口市政厅、梅菉市政局等。民国十八年 10 月一律改为市政局。十九年 11 月接行政院指令，因不符合设市条件而不予批准。

汕头市，民国十年 3 月中华民国军政府广东省公署置，并颁布《汕头市暂行条例》，管理机构为市政厅。治所即今广东汕头市。民国十七年 7 月，依据《市组织法》，改市政厅为市政府。民国十八年 9 月，广东省政府以汕头设市咨请内政部转呈中央备案。内政部核议后，以汕头应否设市，应待修正《市组织法》核定颁布后再行办理。民国十八年《市组织法》公布后，广东省政府又呈请行政院，历述汕头设市的必要，谓汕头市人口依近年调查虽仅有 14 万，与《市组织法》不相符，但就交通、贸易及税收言，实有设市的必要。10 月 21 日，国民政府核准析澄海县汕头埠和崎碌等区域置，隶属于广东省。民国三十六年 9 月 20 日公布《广东省汕头市政府组织规程》。

序号	编码	名称	属性
1	CC—ST1S	中央银行民国十二年壹圆汕头（1928）SPECIMEN Central Bank of China.$1.1923(1928).Swatow. Specimen	Specimen
2	CC—ST1A	中央银行民国十二年壹圆汕头 Central Bank of China $1.1923(1928).Swatow	流通票
3	CC—ST1B	中央银行民国十二年壹圆（广东省银行汕头分行） Central Bank of China (issued by Kwangtung Provincial Bank) $1.1923(1928).Swatow	广东省银行汕头分行副经理
4	CC—ST2S	中央银行民国十二年伍圆汕头(1928)SPECIMEN Central Bank of China.$5.1923 (1928).Swatow. Specimen	Specimen
5	CC—ST2W	中央银行民国十二年伍圆（广东省银行）汕头 Central Bank of China (issued by Kwangtung Provincial Bank) $5.1923(1928).Swatow. Withdrawed	注销票 Cancelled
6	CC—ST3S	中央银行民国十二年拾圆汕头(1928)SPECIMEN Central Bank of China.$10.1923 (1928).Swatow. Specimen	Specimen
7	CC—ST4S	中央银行民国十二年伍拾圆汕头(1928)SPECIMEN Central Bank of China.$50.1923 (1928) .Swatow. Edition Specimen	版铭样张 Edition Specimen
8	CC—ST5S	中央银行民国十二年壹百圆汕头(1928) SPECIMEN Central Bank of China.$100.1923 (1928).Swatow. Specimen	Specimen

中央银行民国十二年壹圆汕头（1928）SPECIMEN
Central Bank of China.$1.1923(1928).Swatow.Specimen

面值：壹圆　（印制）年份：1928 年　图案：孙中山像　票幅：128 × 77mm

中华纸币研究标准码：CC—ST1S		S/M：	PICK：171Af
编号	地名	印刷日期	印制数量（张）
F—8766	汕头	1928 年 9 月	300,000
中国嘉德 2011 春季邮品钱币铜镜专场拍卖会 · 王士平收藏 · 纸钞 全新 3,220 元			
http://www.banknotestudy.com/k/a.aspx?id=26164			

中央银行民国十二年壹圆汕头（1928）
Central Bank of China.$1.1923 (1928).Swatow

中华纸币研究标准编码：CC—ST1A	S/M：	PICK：171Af
正面图案：孙中山像（绿色）	背面图案：花符（棕色）	
签名：周斯铭（待考）	尺寸：77×128mm	收藏星级★★★★★
印制单位：美国钞票公司	印制时间：1928 年 9 月	
发行时间：1932 年 1 月 1 日	发行量：30 万张	
中华纸币研究参考价 80，000 元		

中央银行民国十二年壹圆汕头（1928）（广东省银行汕头分行）
Central Bank of China (issued by Kwangtung Provincial Bank).$1.1923 (1928). Swatow

梁旗先生藏品

中华纸币研究标准编码：CC—ST1B	S/M：	PICK：171Af
正面图案：孙中山像（绿色）	背面图案：花符（棕色）	
签名：周斯铭（待考）	尺寸：77×128mm	收藏星级★★★★★
印制单位：美国钞票公司	印制时间：1928 年 9 月	
发行时间：1932 年 1 月 1 日	发行量：30 万张	
中华纸币研究参考价 80,000 元		

中央银行民国十二年伍圆汕头 (1928) SPECIMEN
Central Bank of China.$5.1923 (1928) .Swatow.Specimen

面值：伍圆　（印制）年份：1928 年　图案：孙中山像　票幅：151 × 78mm

中华纸币研究标准码：CC—ST2S		S/M:	PICK:175f
编号	地名	印刷日期	印制数量（张）
F—8767	汕头	1928 年 9 月	75,000
中国嘉德 2003 年春季拍卖会 · 钱币　全新 3,520 元			
http://www.banknotestudy.com/k/a.aspx?id=84644			

中央银行民国十二年伍圆（广东省银行）汕头（注销票）

Central Bank of China (issued by Kwangtung Provincial Bank) .$5.1923 (1928). Swatow. Withdrawed

中华纸币研究标准编码：CC—ST2W	S/M：	PICK：175f
正面图案：孙中山像（绿色）	背面图案：花符（红色）	
签名：周斯铭 待考	尺寸：78×151mm	收藏星级★★★★★
印制单位：美国钞票公司	印制时间：1928 年 9 月	
发行时间：1932 年 1 月 1 日	发行量：75,000	
中华纸币研究参考价 120,000 元		

此券发行量少，回收彻底。流通票 CC—ST2 未见实物。

中央银行民国十二年拾圆汕头(1928) SPECIMEN
Central Bank of China.$10.1923 (1928) .Swatow.Specimen

面值：拾圆 （印制）年份：1928 年 图案：孙中山像 票幅：162×84mm

中华纸币研究标准码：CC—ST3S		S/M：	PICK：176Af
编号	地名	印刷日期	印制数量（张）
F—8768	汕头	1928 年 9 月	52,500
上海 2010 秋季拍卖会 · 中国纸币 · 美国 Jason/ 英国 Austin 专场 全新 4,140 元			
Http://www.banknotestudy.com/k/a.aspx?id=13980			

中央银行民国十二年伍拾圆汕头(1928)SPECIMEN版铭样张
Central Bank of China.$50.1923 (1928) .Swatow. Edition Specimen

面值：伍拾圆　（印制）年份：1928年　图案：孙中山像　票幅：176×102mm

中华纸币研究标准编码：CC—ST4S		S/M：	PICK：178Ac
编号	地名	印刷日期	印制数量（张）
F—8769	汕头	1928年9月	3,000
Stacksbowers The East Bay & Eduard Kann Collection 全新5,478元			

中央银行民国十二年壹百圆汕头 (1928)SPECIMEN
Central Bank of China.$100.1923 (1928) .Swatow.Specimen

面值：壹百圆　（印制）年分：1928 年　图案：孙中山像　图幅：189 × 106mm

中华纸币研究标准码：CC—ST5S		S/M：	PICK：
编号	地名	印刷日期	印制数量（张）
F—8770	汕头	1928 年 9 月	1，500
Stacksbowers The East Bay & Eduard Kann Collection 全新 8，902 元			

第二节
江门地名券

新会县，治所即今广东新会市驻地会城镇。北京政府时期属粤海道。因“江门人口众多，市政较繁”，民国二十年3月迁治江门（今广东江门市区）。广东省政府曾析置江门市，民国十九年12月裁撤。

序号	编码	名称	属性
1	CC—KM1S	中央银行民国十二年壹圆江门(1928)SPECIMEN Central Bank of China.$1.1923 (1928) .Kong-moon.Specimen	Specimen
2	CC—KM2S	中央银行民国十二年伍圆江门(1928)SPECIMEN Central Bank of China.$5.1923 (1928) .Kong-moon.Specimen	Specimen
3	CC—KM3S	中央银行民国十二年拾圆江门(1928)SPECIMEN Central Bank of China.$10.1923 (1928) .Kong-moon.Specimen	Specimen
4	CC—KM4S	中央银行民国十二年伍拾圆江门(1928)SPECIMEN Central Bank of China.$50.1923 (1928) .Kong-moon.Specimen	Specimen
5	CC—KM5S	中央银行民国十二年壹百圆江门(1928)SPECIMEN Central Bank of China.$100.1923 (1928) . Kongmoon. Edition Specimen	版铭样张 Edition Specimen

中央银行民国十二年壹圓江门 (1928)SPECIMEN
Central Bank of China.$1.1923 (1928) .Kongmoon.Specimen

面值：壹圆　（印制）年份：1928 年　图案：孙中山像　图幅：128×77mm

中华纸币研究标准码：CC—KM1S		S/M:	PICK：171Ab
编号	地名	印刷日期	印制数量（张）
F—8766	江门	1928 年 9 月	100,000
Stacksbowers The November 2011 Baltimore Auction　全新 3932 元			
http://www.banknotestudy.com/k/a.aspx?id=72329			

中央银行民国十二年伍圆江门 (1928)SPECIMEN
Central Bank of China.$5.1923 (1928) .Kongmoon.Specimen

面值：伍圆　(印制）年份：1928 年　图案：孙中山像　票幅：150 × 77mm

中华纸币研究标准码：CC—KM2S		S/M：	PICK：175b
编号	地名	印刷日期	印制数量（张）
F—8767	江门	1928 年 9 月	25,000
中国嘉德 2011 春季邮品钱币铜镜专场拍卖会·王士平收藏·纸钞 全新 8,625 元			
http://www.banknotestudy.com/k/a.aspx?id=26163			

中央银行民国十二年壹圆梅菉 (1928)SPECIMEN
Central Bank of China.$1.1923 (1928) .Meiluk.Specimen

面值：壹圆　（印制）年份：1928 年　图案：孙中山像　图幅：127×77mm

中华纸币研究标准编码：CC—ML1S		S/M:	PICK：171Ac
编号	地名	印刷日期	印制数量（张）
F—8766	梅菉	1928 年 9 月	100,000
Stacksbcwers The November 2011 Baltimore Auction 全新 3,742 元			
h:tp://www.banknotestudy.com/k/a.aspx?id=50237			